15^招市場搶灘法

搶灘必勝，社群必紅

◎周紹賢　著

前言

搶灘亂流　要聰明閃逃

　　對於須經常飛到東、飛到西的讀著來說，除了機艙內的大餐、純酒、熱門電影、風姿卓越的空姐外，其餘的，恐怕都是一堆滿無聊事兒。

　　在旅途中，最最教人心驚膽顫的，首推「亂流」了。

　　亂流往往來無影、去無蹤。運氣好，可能就會鬆口氣，安抵目的地。運氣差的或不懂得繫好安全帶或特別喜歡在這走道上閒踱著，它的後果就相當不利了。

　　任何一項新商品在搶灘時心境，亦復如此。只要稍稍疏忽，就有可能演出淚灑倉庫情景。為了有效防止亂流侵襲，請盡量避免以下二十一種陷阱近身。如果能用心體會，相信新商品的搶灘，每一次都會「很安全」、「很快速」成功的。

一、低估對手

　　「嗳！○○品牌根本在攪局嘛！他們廣告愈打，我才愈安心呢！」

　　「怕什麼！我們的商品力很強，有誰比得上？」

　　您的老闆是不是屬於這一類型（非常瞧不起對手），吾是不得而知，

但這十餘年的行銷顧問經驗中，筆者卻常碰到這樣子老是低估對手的企業主。

當年維士比液展開其鯨吞蠶食侵略時（由小鎮、偏遠區包抄進大都市），吾就曾建言原本第一品牌藥酒品牌的董事長，希望他能多注意吾所作出來調查結果及對應策略。嘿！這位老闆竟口出狂言道「那種小企劃無三小路用的，你們不用怕啦！」（筆者所說句句屬實，一點也未加色料進去）。

沒想到，才沒幾年功夫，原先為第一品牌藥酒，爾今不再威風凜凜。

低估對手的下場，確實就會像前面所陳述實例一樣，容易被市場給淡忘了。

二、生不逢時

如果楊貴妃當上九〇年代中國小姐，她的命運可能就不致那麼坎坷了。

新商品在搶灘時，時效性（timing）的拿捏也是如此。一定要「生」對時機。「×嘴」是一家國內蠻有名的食品公司所推出的休閒點心。由於上市期選在某年的春節前夕推出、時機非常不恰當。因為過年不要說大夥兒會忙著外出拜年，就是不想出門的朋友一樣早就被媽媽所準備的糖果、餅乾、魷魚絲、牛肉乾 ... 豐富的年貨，給團團圍住了。誰還會有旁騖注意休閒點心上市。

而小賣店更不用說了，擺應景禮盒都來不及了，那還會有賣場讓它平擺檯面，讓消費者看到它的新裝呢！「×嘴」點心包，一上市即因犯錯、撞見第二種亂流，可以說，從此元氣大傷，走來辛苦。

三、企劃失手

企劃部人員，過分樂觀，或極端不可一世，不肯接納平行部門或消費著之意見後，往往會將公司整個拖垮。

有家飲料商老闆，眼看烏龍茶易開罐市場是一片大藍天，於是在企劃部慫恿下，也要生產與一搬烏龍茶易開罐，無甚差異化的商品。結果一上市才知道中盤商出爾反爾，不想進貨了。

因為中盤商反應道，「市場飽和了，我們擠不進一些超商、量販店」。老闆一怒之下召進企劃部全體問個究竟。哇一可悲，老闆發現企劃部門所引用數字全是第二手資料。再者資料也老舊了些。

的確，企劃部門的失算結果，極可能讓公司一夕之間「家破人亡」。

四、業務大條

「○○商」是一家名牌進口商，業績作得十分出色。有鑒於市場越來越難突破，公司頭頭即準備了滿久時間，也籌足八千萬元資金，引進數款皮件行銷。

怪怪，廣告打了好幾百萬元，發現市場上連一點反應也沒有。爾後該公司找上筆者幫忙其作企劃診斷。結果呢，經店面訪查下來，筆者才發現，公司的業務大將們根本未照公司指示去開拓店點，去忠實傳達商品好處。也就是說，這些業務員，把老闆的話，都當「馬耳東風」。因此之故，疏忽「管教」業務人員，就很容易換來成長噩夢。尤其是中小企業老闆們，更不能不慎防。

五、斷電斷炊

商品想一直存活下去，就需不斷地供應運作系統足夠的氧氣，好讓它神清氣爽、快樂活下去。

在新品上市時更要堤防資金運轉力是否在「有氧狀態」下？

國內一家滿有名連鎖超市（隸屬某食品、汽車集團），是眾所皆知的虧錢公司，從上市以來，每年至少虧掉企業集團利潤十億元以上。在連虧多年後，所幸賣給另一家集團經營。

換作是他人經營的話，口袋沒有麥克麥克的話，不出一年工夫，可能早就「掛了」。

所以阿！下回想推新產品前不防先秤秤自己有多少「家當」可以熬。才不會先是熱騰騰一頭栽入，卻得冷颼颼地孤立荒郊夜燈下，呼天天不應，叫地地不理！

六、老闆鐵齒

俗話說得好：「夜路走多易見○」，常殺人越貨者，早晚終得搬進大牢去養老的。我們生活裡大大小小事情中，很多也是「鐵齒不來」的。（不能硬碰硬，不能不信邪的）

有些老闆主觀喜歡某一點心口味，或偏好健康的卵磷脂時。就會立即要求公司上下全力配合產銷，共同完成他的夢想。「大×」是一家南部地區有名的食品廠，總經理因全家大小非常喜歡吃八寶粥，滿「顧家」的他，即傾全力生產公司從未碰過的八寶粥易開罐，來討好老婆家人。此外，總經理的太太還很喜歡吃仙草蜜，他又接著交代公司拼命製造仙草蜜。儘管筆者忠心建言，儘管開發部門抗議。他還是執意生產。哎！新商品哪有那麼好搶灘？

市場成敗在於大眾接受度，絕非來自一意孤行的「鐵齒行為」。不到半年功夫，一意孤行的總經理開始嘗兵敗如山倒、庫存如山苦澀滋味。盤算後發現，一共虧了八千萬元。繳過一大筆學費後的他，才終於死了心，宣佈淡出飲料圈。

七、定價迷糊

愛之味食品罐頭，每每新商品上市時，都喜歡擇比同業更高的價位切入市場。別人花瓜一瓶十七、八元，他非貴個四、五元以上。起初小賣店還會哇哇叫，後來這些店家立即「感受」到最高價位的「恩澤」。

因為消費者都認為，一分錢一分貨。而且東西敢賣貴，應自有其道理存在。

愛之味新搶灘成功率總是比別人大的原因中，「偏高價位」行銷技巧，應居首功。

有家法國進口香水商，老闆心裡想，在法國一瓶香水不過美金四、五塊錢，乾脆我以平民價回饋國人好了。

於是一上市時，他定出了每瓶兩百三十元的驚喜價，希望全民來抹香水（該品牌亦屬世界名牌）。

結果，太太小姐們馬上自行判定，該品牌的哪一款香水可能非在法國製造，（懷疑在東南亞國家地區裡，加工委託生產而來）怕上了當，都不敢去嘗試，真沒料到這個大鐵板的踢傷，害老闆鬱卒了快半年呢！

價格怎麼定才藝術？才會幫助銷售？

多參考市場上暢銷品牌的價格戰術。評估自己可能贏它多少份量，再定也不遲。

八、色不迷人

雖然坊間流行著這麼話題，「色不迷人人自迷」，但這是指「好色」者而言。

商品包裝色系調配不對，即使裡頭東西再好，恐怕也難下卸下大眾心防。

日本人很喜歡白色，咸認白色高雅。說也奇怪，只要是國內食品包裝，很少很少有廠商敢嘗試白色色系去包裝。因為國人不喜歡這個白色（尤其是食品包裝）。

一家以白色蛋糕盒子行銷工廠，經營不過幾年功夫，同樣掛出免戰牌，提前出局，消失於烘焙市場。

那如果某一廠牌東西，在國外賣得很好，代理商也想如法炮製時，就得留意其色系的親和力。

要記得，國外是國外，台灣是台灣。

民風、民情、民心 ... 等，都是兩碼子事！

建議您，上市前多作幾次包裝使用方便性，色彩偏好及耐用性（或防滑、防潮 ...... 等）之心裡測驗，以免又遭亂流侵襲，毀掉開發中的好多心血。

九、名未驚人

在拙出（商品命名 36 計）一書中，實已再三呼籲，有百分之八十八品牌因命名不慎，遂陣亡疆場。從很多企業紛紛改名企圖改運來看，「名不正、一定賣不順的」。

Intel、SAMPO 聲寶、甚至藝人陳雷（原名陳茂雄）、彭恰恰（原

名彭彰燦）、成龍（原名陳港生）......都是換了名後，漸漸讓公司（讓藝人）有了新作為。

十、未試概念

比方說，您想搶灘的一系列。在沒有勝算前，不妨先透過調查企劃公司幫忙作（ConceptTest）「概念測試」。內容涵括：

這個色系討人喜悅嗎？

這個商品內容喜歡嗎？

命名喜歡程度為何？

這個價格可接受嗎？

商品所衍生出來的 Concept（概念），如快樂、安全、歡笑、親情、專業 ...... 等屬性，您中意嗎？

這些變數經多段式評分後，加權總值亦自然「浮出檯面」。

若總分超過 55%以上，表示這個商品推出，多少有些勝算。

若總分超過 80%以上，表示可能大大獲全勝。

若總分超過 45%以下，奉勸您仔細考慮。因大眾接受度不高。

若總分超過 46%～ 54%之間，馬馬虎虎尚可上市，但仍應需加強種種行銷支援火力來助攻。

然就筆者所知，很多企業才不來這套！根本不作任何概念測試，常常盲目出擊，撞得滿頭包。

十一、不諳宣傳

微軟企業集團事業體，夠龐大吧！

微軟集團首腦比爾蓋茲，名氣夠大吧！

微軟視窗作業軟體 Window10 知名度夠高吧！

試想都已經是世界屬一屬二的金字招牌 Microsoft 總裁為了推廣其作業系統都得奔走東西半球！到歐洲、東南亞、甚至是台灣，來推薦、推廣它們的新商品了，更何況是我們一般不具任何知名度的企業、商品、更得巧思各種 promotion 技巧去推新商品，對吧！

很多家風味獨特的餐廳開幕前都很有自信認為自己一定會賺錢，因為師傅，老闆很會料理而且餐廳格調也是一流 ...... 等，然而開幕後沒一、兩個月，餐廳卻不得不要「喊卡」。

為什麼呢？因為知名度不夠阿！

你是不是也常會有一種同感，當你來到一家不錯餐廳用完餐後，才喃喃自語說：「這家味道，環境都不錯阿，之前為什麼我不知道呢？」。

果真如此，果真一千人，一萬人（或更多人），都有類似想法後，在他們都尚未成名，作忠實客戶前，可能你的餐廳不得不要「喊卡」了！

宣傳～宣傳～你想看看連世界排名第一的可口可樂公司都「不敢不宣傳了」，那麼你的企業是不是更要巧思，如何宣傳自己了，right？

十二、趕鴨子上架

世間萬物有很多是急不來的。生產臭豆腐有它一定時間流程，萃取中藥精華、或手機零件裝配完成 ...... 等。都有它們各自的時間日程。新商品上市時，藥品、汽車、消費品、工業品亦復如此。這些商品上市前

9

若為了搶時間上市，忽略了商品穩定性測試再測試，就很容易形成趕鴨子上架尷尬結果，一旦發生汽車零件品質不穩引發火燒車、暴衝危險，勢必會讓未來搶灘路，蒙上另層陰影。

十三、通路迷失

本來商品走傳銷路線可能會存活下來的，卻由於錯誤判斷結果，走入 hypermart 或 CVS 便利商店，本來不應該鋪入購物中心的衣飾卻拼命往裡頭鑽，或本來不可以在網站上拍賣物件，你錯擺了位置（通路）！都可能因此讓商品陣前摔了個大跟斗。

十四、集資失敗

有若干企業在經營時，是採取「打跑戰術」，（像比賽棒球時，強迫上壘，強迫取分般），他們往往急著推商品時，又同時急著募集更多資本，加入經營，理想歸理想，事實歸事實。往往在他們努力下，完成一本集資企劃案後，並未深深打動所謂「投資客」心坎。

很顯然地，一旦集資路上遇到挫折，對新商品搶灘後續發展也同樣極為不利。Nomoney, No talk ！不是嗎？

十五、超過獨特

的確，任何商品想走紅市場，大前提是一定要具備獨特銷售主張（U.S.P），然而你的商品獨特性太過於 over 後，就反而容易形成冷門又孤僻個性，讓消費者覺得好冷好冷，不容易接近它。曾經有一種名為××牌的靈芝啤酒，其配方製造方法，非常獨特，然而卻由於入在啤酒加入了中華靈芝，讓商品的獨特性 double，而最後在公賣局的某些遊戲

規則下（限制了一些條件），難以攻佔一席之地，最後退出市場，殊為可惜。

十六、遲遲導入

雖說先發品牌導入市場會有很大的風險存在，因為商品新，概念新，情報也新 ...... 等，然而商品若過於延遲（後發又後發）在導入市場，即使你的 U.S.P 夠 power，但一下子要大眾仰慕你，選擇你，恐怕不是容易的事！ Panasonic 手機固然在國內目前擁有若干的市場佔有率，但在它剛切入時，卻幾乎可沒任何市場空間可容納它，當時幾乎由瑞典、美國、法國、德國機子給佔據了，由於它過於慢才切入市場，剛開始接受者尤不多，若不是他們改撲「哈日」路線，以日本流行風為主要訴求點，適時搭上哈日列車的話，或許今日的 Panasonic 手機不會有機會攻佔一席之地。

不過話說回來，能夠有這樣「福份」，品牌恐怕不多！

十七、疾病纏身

雖然坊間還沒有人任何一家調查機構做過企業領導階層健康與企業是否蓬勃發展的「相關性」研究，不過就筆者長年擔任企業顧問經驗中，卻得到如下結論：企業主若健康，其所統帥企業也容易業務蒸蒸日上。相反地，如果企業主自己常常得求診於醫生，需常服藥才能暫緩病情，那麼這家企業多半難有營業利潤被創造出來。

有興趣的讀者，不妨開始逐一比對這期間差異與同質性。

十八、龍頭反調

　　企業裡有多頭馬車在同時奔馳著情形，固然彼彼可見。不過，如果總裁說往東，副總裁說往西，或董事長說下個月上市，總經理堅持延後上市，諸如此類唱反調情況，若反覆發生，「無形中」會對公司整個營運會有若干殺傷力。

十九、保守到家

　　從前我們常會說，穩定中求發展，在發展中求穩定，雖然隨著潮流改變，現今的消費者智商也高了，市面上也見多了，對商品的所有層面，要求也更多了。如果對商品上市時，採取低調處理，採取默默無聞，採取堅持不要媒體採訪......等想法推出時，勢必難以嗆聲於市場裡頭，保守的策略，陳腐的傳播策略，不妨暫時忘了它的存在吧！

二十、對手檢舉

　　不論你的新商品切入時是以低調 LowKey 或高調 HighKey 方式都好，你一旦切入市場時，你的對手多半等著看好戲，或等者要夾殺你出局。因此往往只是你的一張廣告傳單，只是上頭短短一句文案（如：本商品可排毒......等）都可能遭對手向有關單位檢舉，說你做誇大、不實宣傳文詞，而相關單位在受理這些檢舉後，若也從相關料中證實了檢舉者所言不假後，會針對一個檢舉函開出一張罰單，（以此類推），如果新商品真的不幸碰上這類型亂流後，恐也難專心於推廣策略，最後可能落得「疲於奔命」（忙著到一些政府機關作答辯）。

二十一、不熟法律

如果企業體不熟相關法令，就冒然搶灘，就可能發生如下情況：

1、推出商標，Logo 命名與對手相似極了（違反商標法或可能觸犯著作權侵害法令）。

2、宣傳不實廣告內容（可能違反公平交易法或觸犯不實廣告，被列入黑名單）。

3、成分有害人體（或可能致命），（可能觸及業務過失罪）如果只是懂得行銷商品，對相關法律一知半解是很危險的。

事實上，亂流結夥來襲不需懼，新商品在搶灘時，「狀況」總是會頻頻出現。真實的狀況除了前述多種之外，天馬行空的廣告表現，一樣是令人頭痛的問題。

如果在一支三十秒廣告片裡，塑造不出獨特個性，無法正確串聯市場策略，形同前大段行銷搶灘都是「白做工」，也可能因此替新商品發展，蒙上一層陰影。

值得我們在在留意的是：

當您慶幸自己揮別第一個亂流後，切勿得意忘形。因為亂流經常是接二連三，結夥來襲。為有效防止鍛羽情事發生，除應盡力避免勿踏這二十一個陷阱外，請多融會貫通往後十五個章節攻防技巧，讓新商品「成功」、「快速」、「安全」地出頭天。

目錄

第一章
殘酷的 5% 新品存活率，闖關大不易

Try not to become a man of success but rather to become a man of value.

與其矢志讓自己成為成功人士，倒不如先讓自己變成一位有價值的人。

雅博特 · 愛因斯坦

● 追求市場揚名前，應科學化評估它賣得動嗎？

　　是中小企業主也好，是公司裡企劃部門同仁也好，常常會想再開發一些新商品，或從國外直接進口一些時髦商品來提高營業額，多創造些利潤。立意是不錯，可是在企劃會議桌上，往往大夥兒也難以從很多項新產品中，正確無誤地挑出合格（指合乎 timing，合乎公司體質）新商品導入市場。

　　而往往在多方僵持不下的企劃／研發會議桌旁，就會出現如下尷尬的場面：

　　在一連串馬拉松會議後，企劃部白經理還是堅持公司一定要先推「家庭號包裝水」。因為他認為這種「XL size」水飲料可另闢新通路，避免被同業夾殺。

　　而同一部門黃課長卻認為公司當局應該跳開這種純水市場（水飲料老市場）。而應該朝一個「氣泡水果式」（純水中再添加一點點檸檬香，讓他個性更特殊）新市場邁進才對。總經理嘛，雖然從六個小時以前就列席指導到現在，他卻始終不發一語。他心裡頭根本不想開發水飲料，他想代理進口的竟是「來自南極冰河水」！

　　賣得動嗎？單價偏高的進口水，會有那麼多人會捧場嗎？

　　大夥兒儘管心裡都是一百個不願意，但為了達成蔡總交辦任務，只好硬著頭皮去評估了。

要評估的動作看似簡單；

但要如進行才會更科學化，更容易成功呢？

95%新商品搶灘，必然吞敗。

1、有人說新商品會大發是因老闆「祖上有德」。

2、有人說，新商品成功，多少還是要點運氣。

3、更有些業主則戲稱自己旗開得勝，係「瞎貓碰到死耗子」。總而言之，
　　所有過來人一提到如是開發經驗時，多半有著極大無奈。

4、他們往往把商品成功因素，推給了老天（看祂幫不幫忙）。

5、如何將失敗拋給對手，把成功果實留給自己？

**新商品搶灘「夭折率」，卻高達 95%。也就是說，平均每一百件新上
市商品中，大約只有 5%能幸運存活下來。**

而其餘 95%往往因

1、老闆單方面直覺（喜愛）或部屬不成熟建議。

2、中盤商欠周道的建議思緒（遇到瓶頸）。

3、市場中開始氾濫起來（很可能極短暫，更可能是假象）。

4、國外展覽會中得到靈感（或直接抄襲），卻不具成功條件。

5、對於社群行銷只是一知半解，貿然投資大筆金額。

6、找了屬性不合的網紅或網美合作。

這幾個因素影響，結果敗下陣來。

　　一位很愛喝八寶粥的老闆，他不顧任何部門建言，強行開發與他牌
長得像雙胞胎（根本就是一模一樣）的罐裝點心，希望分一杯羹。

　　可惜，在新商品上市不到半個月裡，就因自己判斷錯誤結果，堆積

了數千萬存貨，還差點讓公司跳票。

新商品究竟能不能賣？

能不能幸運擠入 5%「幸運特區」？

其關鍵點完全在於以下四個「篩選動作」是否做得徹底！

是否構築周密得像「銅牆鐵壁」？

＊ CK One 推出全球這一瓶鑲嵌甚多稀有鑽石，售價世界第一高香水。其身價在台幣 3000 萬元以上。

● 四個動作，二十個避免失算訣竅

一、宣傳力

你是否仔細想過，一旦新商品投入市場後，自己已準備多少銀兩來與敵對品牌抗衡。有預算的話，能堅持多久時間（假設東西在市場中連動都未動的話），或大打廣告後不致影響到公司財務。

1、OK 就算你拿不出廣告費拼，那有什麼樣法寶，讓消費者在很短時間內知道商品好處，或到什麼樣的店裡去買？如果根本沒預算，又無法讓消費者知道它的好處、蹤跡，您勢必陷入苦戰。

二、競爭力

2、假使市場裡再度出現一窩蜂景象時，勢必會造成價格崩盤，這個時候公司本身又有多少籌碼可以跟著人家降價？（在一窩蜂市場中，不降價很難生存的）。

3、你對市場裡各個廠牌之間的市場佔有率 MS 市場占有率了解幾分？這些資料很精確嗎？

4、你很想賣空氣清淨機，但中盤商或小賣場老闆如果心裡已經開始抗拒了，認為已有品牌不下數百種，根本埋生存空間時，你能表態出「飛蛾撲火」，最後只有自討苦吃。

5、以公司既有體質（或文化特質）而言，去開發新商品其「屬性」「速配」嗎？或比方一家通訊品連鎖店，以同樣公司名去成立壽司霸連鎖體系，消費者會跟著「移情續戀」嗎？

6、公司裡頭有沒有大概預測過，在多少個月後，可能政府政策上會有哪些變動，將間接影響到整體市場發展？

7、如果公司將推出一種「外賣送貨到家的壽司」，是否已經考慮它的「替代性商品」有哪些，哪些商品的威脅度如何減輕呢？像 pizza 外送服務、傳統壽司專賣店、市場裡壽司小攤或中便當外送 ...... 等相關「非完全競爭調查」，都是替代性頗高競爭者。

8、公司當局考慮過新通路開發沒？如果還沒有的話，你的商品很容易在舊有通路上被業界所聯合夾殺。

9、就算你有辦法擠入舊通路與一些資深品抗衡，但這些小賣店（或超商）給了您夠醒目的陳列位置嗎？

10、你這家公司在中盤商心裡，是處於什麼樣優勢地位？如果你要求經銷商強化舖貨率或配合各地賣場聯合促銷時，經銷商意願很高嗎？

11、如果你所代理的是英國製的傳真機,當英鎊急速升值時,期間所造成成本增加,公司要自行吸收呢?還是要轉嫁給消費者?消費者面臨這種不合情宜匯差漲價方式,他能接受嗎?如果這個競爭項目在事前你根本置之不理或疏忽了,你的商品一旦投入戰場,勢必跌跌又撞撞,難以出頭天。

三、商品力

12、對於原物料來源掌握有幾分?會突然斷貨嗎?若斷貨,多久可以趕上?

13、公司新商品品質穩定到什麼樣程度?只是一陣子呢?還是永久穩定?

14、就算商品初試啼聲後能力足市場一隅,但接下來的「系列商品延伸」,公司裡是否早有一張「藍圖」隨時可以派上用場?(所有經銷商在意的是,廠商的商品線強不強!如果老是推單一商品,他們反而覺得無利可圖,配合度自然低落。)

15、你的新商品賣點「絕對獨特」嗎?你有辦法讓新上市套裝淑女服,放出致命吸引力,非讓女孩購買不可嗎?你所製造出來的 21 段變速車外型,炫到 Y 世代心坎裡嗎?他們非買不行嗎?

◎雖然商品力分析,只有這四個關鍵點,但要拿捏精準,所考慮層面就不單單這些了。

四、行銷力

16、你曾陪同調查工讀生到 SOGO 百貨公司門口貨國父紀念館附近作所謂「盲眼測試」?將所有敵對品牌商品與自己新商品去掉標籤,以

廬山真面目與消費者（受訪者）「袒裼相見」嗎？

17、你的新飲料在外包裝上作了哪些不一樣動作？這些新動作會不會看起來很炫？很想讓人打開喝？

18、你的命名在很短的三秒鐘內就會讓人過目不忘嗎？或許你的命名中，也隱藏著很美很美的想像空間。

19、你要推出的商品目前是什麼樣型態的市場？真空市場？市場中沒有任何競爭者？既有市場？市場中已有若干品牌虎視眈眈著。你的商品將會卡位在衰退期？成熟期？或成長期？還是介紹期？

20、你的行銷團隊（team）（包括銷售人員、企劃尖兵）火侯都在爐火純青階段裡？有能耐「主導」行銷戰爭嗎？

◎如果在推新商品上市前，未深思熟慮上述五種必備火力如何支援，你將毫無疑問地，立刻被人打入那 95% 冷宮裡，嚐到『失敗英雄』滋味！

　　筆者還是認為新商品有滿多機會點可以切入的，問題在於您的四個篩選動作，二十個避免失算訣竅都融會貫通沒？

　　如果能費心些，正確拿捏技巧的話，當別的品牌能努力追求成功之際，可能您的商品早已變成最有價值商品（hot-products），也幸運地被所有消費者「鍾愛一生」了！

　　更令人鼓舞的是；究竟商品賣得動，賣不動，您是全世界最清楚的人了！

第二章
與對手大 PK，拿甚麼比輸贏？

The art of war is simple enough, find out where your enemy is.
Get at him as soon as you can.
Strike him as hard as you can & keep moving on.

戰爭的「藝術」絕沒有大家想像中的那麼「複雜」！
您只要勤加搜索敵人蹤影，使勁的朝他罩門 K 幾下，快
快將他制伏。
然後再朝下一個目標挺進就對了！

優尼西斯 · 格蘭特

愛人結婚了，為什麼新娘（郎）不是我？

部門裡有同事升官，也有人加了薪。為什麼沒有一次是輪到我？

其實這些不幸事件發生，你至少要承擔「二分之一」責任。（另外二分之一則非你所能左右）。

或者說成，您對您的上司（可能拔躍），您的同事夥伴了解，可能還是停留在一知半解地步。或可說成，你根本對「競爭者」動態掌握，既像霧又像花。始終「霧煞煞」嘛！

市場裡的戰役，又何嘗不是如此呢？

如果身為公司裡業務精英企劃要角其至是龍頭老大，在構想任何方案時不周密考量它的「負面效應」時，不去仔細打量周圍敵對品牌可能回擊策略的話，那麼這個方案一定會衍生很棘手的後遺症。

● 「日本」敵情研判專業的國度

以中華成棒為例，在多次國際性比賽中，確實對強敵的「優、劣」分析工作做得不好，以至於在甚多關鍵點，反而讓日本或韓國、美國、尼加拉瓜 ... 等代表隊，給逆轉了。

反觀日本隊的作戰本領：競爭者分析，那做得真沒話說。

他們甚至連強投弱點在哪、或他每投出多少好球後一定會跟投壞球，或他的情緒在什麼樣時刻會立刻降到最低 ... 等一籮筐敵情，根本是瞭如

指掌。每每交兵前，日本隊只需多放幾次對手相關 VCR 資料後，他們就更成竹在胸，知道如何攻擊對手弱點致勝。

位於台北忠孝東路上「SOGO 太平洋百貨公司」在尚未登台經營前，也曾對過內數家重量級對手，如遠百、永琦、三商、來來 ... 等連鎖體系，做了極深入分析。因而在一開張後，立刻造成轟動，硬是搶走了一些老字號百貨體系市場。

而筆者之所以特別以「徹底分析你的競爭對手」為題，請總編將他安排在「第二棒」登場用意，也正是衷心呼籲市場尖兵們在冀望「如何成功打開市場」前，能極端重視它。

事實上人與人的戰爭也好，或真正的行銷戰爭也好。如果沒有詳細研判對手的弱點，分析彼此優點，即使您投入再大廣告量一樣難收成效。

或行銷人員老愛低估對手、對敵情了解始終位於皮毛處，即使全公司日以繼夜打拼，一切仍將枉然。

就拿礦泉水業為例說明好了。光是這個行業裡，近年來就出現過好幾次「改朝換代」景象。有的新品牌一上市時，即明顯衝著 NO.1「怡康」而來（在幾年前），也有不少市場弱勢牌子作 SP 時，完全拿「統一」作靶子、去硬拼。更令人不解的是，某些強勢品牌不知抱著什麼樣半調子想法，竟也隨著弱勢品牌亂舞後，變成「風吹草偃」局面。幾乎迷失了自己！研究泉水業數百個品牌行銷特質，實不難發現他們對競爭品牌掌握，是如此陌生。

● 誰是你的競爭對手？

只要是在市場中，有人販賣商品或提供勞（服）務跟你大同小異或跟你屬於「不完全競爭」者，或一些能緊跟你身後出現的對手等等，都是你的敵人。

而「不完全競爭」與「完全競爭」主要差別在於商品性質「相同程度」的多或少。

前者如：

· 口香糖 VS. 漱口水（抑制口臭機能）
· 轎車 VS. 吉普休閒車（指相同價格帶）
· 排骨麵 VS. 雞肉飯

後者如：

· 青箭 VS.Extra
· 金園排骨麵 VS. 中一排骨麵

一般行銷工作者，比較容易忽略的就是「未來的敵人」。他們總認為還未在市場中出現的敵人，可以不要去管它。

未來的敵人最可怕

殊不知在某些快速成長行業中（如物聯網，如 Amazon 拍賣網站），新對手可能會帶來多嚴重威脅，都應事先嚴陣以待才對。

您千萬不要以為自己是企劃高手，是市場中強勢品牌，或你們公司財力多雄厚，而有萬般皆下品的心態。

　　所謂「強中自有強中手」。不論情況為何，都要對所有敵情研究仔細，以免大意失荊州。

● 哪些內容非分析不可？

　　從表（一）中您將清楚身為行銷精英，應如何清楚掌握敵人的一動一靜，如何對敵人來個「全身丈量」，最後呢！「發現」敵人的「致命穴道」，在以高超功夫迫使對手稱臣。

表（一）競爭品牌情報底細

1	競爭品牌：	KODAK
2	商品：	ISO 100/200/400/800 度度片
3	情報底細：	a、該品牌已上市多久：三十五年 b、該公司總員工數：一百八十人 c、一年大概營業額：十二億 d、零售價：a 75。批發價：a 60 e、預測它的市場佔有率 M/S：32% f、財力背景：雄厚（資產可能超過五十億美元） g、獲利（配股）情況：年平均獲利率 12%

4	高階主管動態：	h、集團總裁：CESAR FORD i、專業顧問：十二位 j、部門經理：徐、邱......等
5	他們的市場戰略：	k、以往商品命名走向：保守（保守、新潮、美妙、震撼） l、價位（偏高或偏低或緊跟）：開高走高 m、以往每年每項商品的平均廣告量：六千萬 n、通常在那些時候作 SP：每年春節前、暑假前、春假前 o、舖貨率：95%以上 p、指名購買率：60% q、品牌轉換率：42% r、通路上／店家對該公司評價： 　　乙、一流 　　丙、二流 　　丁、三流 s、萬一發生滯銷時，慣用策略：採量販包方式降下單價 t、主力商品廣告主題：暗中拍、亮中拍 u、由那一家廣告公司的那一 TEAM 負責 　　JWT 的第二組
6	你認為對手可能會以什麼樣策略回應你，**還是量販包低價搶攻再加上排山倒海廣告量？**	

天下的商品都有隙可乘

您大可放心！天底下沒有一件商品是「完美無缺」（無隙可趁）的。是易開罐咖啡的品牌也好，是化妝品業第一品牌也好，總會在各個「層面」上，出現若干或多或少瑕疵。

我們姑且將對手的「銅牆鐵壁」特質，（如財力特佳，舖貨力快又好 ...），稱為「短處」weakness。

也就是說，對於像「財務規劃」、「行銷機動」、「定價彈性」、「銷售能力」、「生產品質」、「通路扎實」、「訓練徹底」、「人事穩定」......等競爭變數，如果你能在事前做徹底分析的話，是不是可以立即發動行銷戰爭？是不是可以跟著花錢大打廣告奏捷，答案也立即浮現檯面了。

如何來個強弱分析，請參考表（二）做法。

◎每一個變數都設有五段式評分空格。

1、如果你跟對手的條件一樣，就在「0」分格上打「ｖ」。如果那一項變數，你顯然比對手落後很多，怎在「-2」處打「ｖ」。

表示強過對手甚多。＋1 表示有強那麼一些。-1 表示，比對手弱一些。-2 表示比對手弱很多。

請先在 STRENGTH 強勢欄中，算出所有「+1」、「+2」總和（以 A 值代表），在算出 WEAKNESS 弱勢欄裡「-1」、「-2」總和（以 B 值代表）

然後將 A 值與 B 值相加得到 C 值。

如果 C 正值越大表示你勝算會很大。

如果 C 值剛好為「0 分」，表示你的新產品推出後，將與對手形成

五五波局勢。

如果 C 質變成負分，而且負值很高，表示你的前途會很坎坷。

表（二）我與敵對品牌長、短處分析表

競爭優劣變數	長處 STRENGTH		平衡點	短處 WEAKNESS	
	+2分	+1分	0分	-1分	-2分
1、促銷機動性					
2、向店家收款彈性					
3、原物料成本					
4、經營者 IQ					
5、售價優劣性					
6、包裝優劣性					
7、客戶抱怨處理					
8、人員流動性					
9、在職訓練					
10、通路較勁					
11、推銷話術					
12、廣告預算					
小計：	a：+10分	b：+4分	0分	c：-3分	d：-2分
合計：	A 值：+14分 (a+b)			B 值：-5分 (c+d)	
總計 C 值 (C=A+B)：					

其實行銷戰爭致勝關鍵，套句俗語非常類似「江湖一點訣，說破不值錢」這十個字形容。如果你不作前述三道防衛功夫，不先惦惦斤兩再去攻堅市場的話，你會如何淚灑倉庫，大跑三點半籌借員工薪資或四處張羅巨額廣告費，那就不得而知了。

這一切恐怕都將非常地「慘不忍睹」的！

● 『超快敵我分析表』

要是您仍覺得前面所建議兩個分析方式，可能會滿浪費上市商機的話（因較耗時），不妨以底下這份「快餐」作作習題。如此你將可再短短三分鐘內，立刻達到知己知彼境界，而能快速反映出您應有的策略去攻堅市場大門。

表（三）『超快敵我分析表』－「快餐」習題：

消費者在意的服務內容	對手情況	我如何做比他好
1、品質穩定	普通	要求零缺點
2、到處都買的到	鋪貨率約 70%	至少要達 92%
3、物美價廉	物不美價又高	走高品質低價位
4、很有獨特性	物不美價又高	走高品質低價位
5、送貨快速	30 分鐘內送達訂購品	盡量也在 30 分鐘內送達客戶手中

6、服務熱誠	沒有 0800 電話	設在全天候 0800 電話
7、時刻關心	從不追蹤	隔 3 個月追蹤一次
8、零件充足	零件多	零件充足
9、經久耐用	機件耐用 3 年	至少耐用 10 年

　　表（三）「超快敵我分析表」什麼時候派上用場最恰當？

　　特別適合臨時性 SP。如某一對手突採取新戰略對應，而您來不及遂一以表（一）、表（二）來寫企劃書時，表（三）的訴較分析表就特別管用了。

● 「行銷演習」

　　讀者在看完前頭文章介紹有些概念後，現在就可以表（一）來直接「套招」使用，找出自己商品真正利基。

　　比方目前市場中連你共兩個傳真機品牌而已。而您正設法侵蝕市場中的「村田」普通紙傳真機。您即可拿「促銷」、「向店家收款條件」…「廣告預算」等變數，與對手「較勁」，了解自己競爭力好到哪。

　　◎假設您這個『福岡』傳真極有機優越促銷本事，敢送大獎，敢直接降價回饋，在這變數上很明顯超越『村田』的慢半拍 SP，那麼您就可在 1. 欄裡的 2 分位置，打上「ˇ」記號。

◎若在向店家收款時，你們條件是四個月票期，而『村田』只給對手三十天期限，那麼很明顯在 2. 欄位裡，您一樣可獲得壓到性分數 +2 分。

◎若在包裝外型設計上，你們與村田在伯仲之間，那麼這第 6. 項分數則為「0 分」。（所有得分方式，以此類推）

「得分釋義」

1、在「小計」欄裡，可以將這幾項變數總分匯整分別得到 a 值與 b 值、c 值與 d 值。

2、先將 a 與 b 相加可得到 A 值、c 與 d 相加得到 B 值。

3、C 值其實就是 A 值再加上 B 值。

4、如果所得結果，正分數越高，表示敵人根本不是您的對手。

如果一陣加減後，還是歸零，這表示你們實力在伯仲間，滿有得拼。要是總分負得越高，表示你與競爭品牌較勁無異是「雞蛋碰石頭」，你的勝算將是微乎其微。

這個表的掌控尤適合新品牌切入就有市場，也挑出某一假想敵作目標攻擊時使用。

「情報底細如何實演？」

如果市場中的對手只有兩、三個，您大可直接以此表格遂一填寫，去完全掌握對手狀態。

要是發現很多地方都不知從何填起的話，這場仗是不用打，你穩輸的！

如果市場中競爭品牌超過五個以上，您即應重新「造表」，去設計出如下「延伸式表格」遂一較勁。

延伸表格：

競爭品牌	1、商品／勞務	2、情報底細	3、	4、
A 牌				
B 牌				
C 牌				
D 牌				
E 牌				
F 牌				
G 牌				

假設軟片市場中出現了新勁敵「xxxxxx」，「xxxxxx」即可以此表填寫與市場中老品牌，柯達的「yyyy」暗中較勁，去擬出有效市場戰略。

第三章
商品愈『獨』愈大賣

如果你無法讓消費者知道你很特別，當然他們更沒有選擇你商品的理由，就算很多企業主也都明白，用盡所有方法來塑造自己特色，卻多半這些所謂的特色竟然並非100％獨特。

那我們又應該如何分析出自己與對手有哪些差異？

影片篇	1、阿甘正傳 2、安德魯古怪食物 3、靈異七殺
食品篇	1、自己去端牛肉麵 2、維基百科全書 3、50元迷你披薩
日用品篇	1、SKII 神仙水 2、酵素超貴牙膏 3、面紙小故事
3c 商品篇	1、多核心電腦 2、防毒軟體
宗教篇	1、佛陀與耶穌對話 2、法華經 Vs 創價學會 3、每天五次 謝阿拉

如果你無法讓消費者知道你很特別，當然他們更沒有選擇你商品的理由，就算很多企業主也都明白，用盡所有方法來塑造自己特色，卻多半這些所謂的特色竟然並非 100% 獨特。

某家技術很棒的 spa 按摩女師傅，因為不喜歡將連鎖店面開在車水馬龍地點，遂選擇離都會三十分鐘車程的郊外開業，身為企業首腦的她，當然明白如果少了特殊賣點，消費者是不太可能捨近求遠，跑到自己店裡消費的，於是她立刻想到了要宣傳之前；必須想好自己的 USP 是什麼；然後再進行接續的行銷工作。

在動腦會議中，她要求所有員工分別在白板上寫下了醫院裡所有與眾不同地方，像是：

1、24 小時全年無休 SPA 按摩。
2、相關疲勞診斷儀器非常齊全。
3、兒童嬉戲空間舒適；而且寬敞。
4、有嬰兒保母隨時待命照顧。
5、作大全套舒壓按摩；可以分期支付。
6、夜間消費，不會另外加成收費。
7、所有師傅各個精力旺盛。
8、所有具證照按摩師，至少都有十五年以上經驗。
9、獨特運動整脊療法。

會議完最後卻發現：員工心目中所謂的特點，竟然同樣可以在好幾家對手身上找到；可以說自己認為特殊點很多，然而實際上根本毫無差異。

那我們又應該如何分析出自己與對手有哪些差異？

如果分析之後，依然發現自己還是『零差異』時，要如何重新塑造（無中生有）？

● 讓我們先從塑造差異化說起

一、22個差異化策略、擊敗對手

任何一家企業想永續經營，只有兩種選擇：

賣的服務或商品，與對手並無兩樣

賣的服務或商品，與對手有明顯差異

如果你想徹底擊敗對手，如果想讓自己商品，跟別人有顯著不同，底下的幾個思考原則，就值得你細細思量，並付諸實行。

1、以不一樣方法去發展或傳遞？

2、產生更好的結果？

3、給予更多信賴性？

4、所有可信度建構在那本洋洋灑灑企劃書上？

5、給予更多未來選擇？

6、帶來更多成長潛力？

7、帶來更多彈性？

8、傳遞更快？

9、更好的整合？

10、提供更好的售後服務？

11、提供更佳保證？

12、提供更多透明度？

13、提供更好風險管理？

14、提供更友善服務態度？

15、提供更多方便性？

16、提供品質並重服務？

　　除此之外，亦可運用"who、what、where、how、when and why"的方法將相關思維放入你的行銷企劃案中，去逐漸塑造商品差異化。

17、Who　能因你的計畫而直接獲益？

18、What　你能傳遞出哪些訊息？

19、Where　你會在哪些地方製造出或 support 你的相關承諾　。

20、How　你會如何製造出或 support 你的相關承諾。

21、When　在什麼時候你會製造出或 support 你的相關承諾。

22、Why　為何你採用這樣策略來向客戶靠攏？

二、分析賣點訣竅

1、善用 Excel 強大表格功能，建立所有差異化點，逐一分析。

2、最左邊欄位分別鍵入競爭品牌名稱；表格上端則分別列出商品、服務可能或特點，像價格特別便宜，或是交通方便，或提供特別保證等等。

3、要經常進入對手網站觀摩、搜集情報；因為他們的特點也好，特惠活動也好必然會全部露出。

4、思考自己究竟有哪 3 個最大利益點，讓消費者熱情擁抱你理由。當

然你說自己連鎖店裡的炸雞是來自鄉下真正的土雞，所以味鮮無比，或稱馬鈴薯條來自法國農莊，久久炸不爛等等；可能消費者都不會領情。往往客人最在意的是不必排隊久候，立可大快朵頤。更可能是因為店裡 24 小時可以免費上網，才會讓客人源源不絕上門。因此之故，商品若只有單單一個賣點訴求，會非常危險的。

5、TOMA："Top of Mind Awareness"TOMA，想買眼部除皺霜，讓消費者第一個從腦海中蹦出品牌是蘭蔻；或想買網路維他命，第一個進入腦海的品牌是 Vitamin World 維他命世界。以傳統市場中，賣現撈海魚攤販為例，大部分都是單只單只論斤賣。然而偶會發現魚販完全採用類似大賣場量販價格導向拍賣方式，喊出 300 元可以買到 x 斤深海蝦子口號後，然後立刻拿起盆子撈起一大把一大把海蝦，分裝給剛剛舉手願意付 300 元。然而事先並不知道可以買到多少份量海蝦的媽媽們；久而久之，很多媽媽就會帶著 toma 想法，來到魚販購買。

6、利益與特色，需巧妙轉換，例如：

範例①
・商品特性：每次洗衣，可省下 30% 水用量
・商品利益：每個月你都可以省下水費

範例②
・商品特性：雙門跑車排氣量 2000cc、12 汽門渦輪增壓、噴射式點火
・商品利益：汽油燃燒完全、更省油、馬力更為強勁

範例③
・商品特性：保證有機栽種，製造過程不添加防腐劑
・商品利益：不會有食物過敏，或其他症狀

7、精確傳達：理想獨特賣點，愈短愈單純愈精准不失焦愈佳；例如 50 天裡讓你瘦身 50 磅，如果無法達到，再免費送 6 個月苗條課程。獨特賣點塑造告一段落後，立刻將它印到名片上，你的電子郵件簽名位置，還有你的網站，甚至到消息稿或廣告影片，甚至是 T-shirt 上頭，都需顧及一致性。

8、言行一致：無論你所傳達訊息如何動人，消費者都十分期待你的承諾，必須言行一致，並以實際行動表現。

三、USP 8 查核點

1、**Unique 絕對獨特**：跟對手差異是什麼？ "採用 Intel xxyyzz 中央處理器" 。

2、**Extremely Remarkable 非常傑出**：能殘留消費者印象 "除濕機終身保固" 。

3、**Promise Results 承諾結果**： "24 小時到府上提供海洋 Spa 按摩服務" 。

4、**Persuasive 具說服性**： "八核心 NB；只賣雙核心價錢" 。

5、**Proposition 利益點**： "來自聖母峰純淨無污染高原冰河水" 。

6、**Applicable 很合用**：USB "中央處理器，可以隨插即用" 。

7、**Succinct 利口碑相傳**：言簡意賅，能讓消費者為你輕易廣為告知 "正妹到府傳授瑜珈瘦身秘法" 。

8、**Test 測試效果**：特殊賣點提出後，是否完全為消費者接受，必須多作測試；一般最常用就是使用 Google Adwords text 廣告，來衡量點選率，或是回覆率高或低。

四、靠 USP 橫掃天下

對本土達美樂披薩所推的口號『達美樂，打了沒，2882 我餓我餓』你記憶猶新吧？

美國本土達美樂則推出『現炸、新鮮、熱呼呼披薩，保證 30 分內送達，否則免費請你吃』他們就靠著這個特殊銷售主張，讓她輕易登上了披薩盟主寶座。

1、Kfs-1（key factor of success）/ 成功關鍵點 1

這內容清楚交代了，消費者非買達美樂不可的理由。

包括①現炸現做、②熱呼呼、③馬上解決肚子餓問題、④不須出門不須排長龍等待。

2、Kfs-2 / 成功關鍵點 2

他精確鎖定 30 分鐘快速送達概念。

另外像是：

企業租車公司，儘管埃維斯 Avis 曾以 "我們是第二品牌，所以我們會更用心服務"，作為自己強而有力賣點訴求，但企業體 enterprise 租車公司則主打 "你要租車，我們過去接你" 來跟埃維斯租車抗衡，讓消費者更為心動。

或像當一般面紙衛生紙廠，拼命強調我的張數最多，我的紙張最為柔軟時；獨獨 Bounty 邦提公司以『抽取速度更快』為賣點主打，把節省時間概念完全融入消費者每天生活裡，同時更靠著這口號，讓自己業績成長驚人。

理論上來說，任何一項與商品細微的點，都是 USP 轉化賣點好題材。

比方洗衣粉中含有神效藍珠，或電子鍋採用金剛鐵氟龍材質，讓飯食更為可口等概念，都可以它來發揮。

想成功打造 USP 之前，必須先釐清自己企業獨特位置是在哪裡；也就是說如果無法讓消費者想到你好在哪裡，縱然你有龐大預算支援行銷活動，效果也會大打折扣，因此要贏得消費者的心，不妨自我先做如下檢視：

1、你是屬於什麼樣性質的企業？

2、你提供哪些服務？

3、為何你與眾不同？

4、你如何讓消費者在使用後，獲得實質利益？

這裡所說的利益並非指貼心服務或免費配送到家，或我們十分在意等等抽象意念，而必須絕對獨特，而且非常具體。如：

大賣場的 39 元經濟便當，或車胎在高速公路爆胎後，依然可以安全行走等等看得到的利益點。這些獨特賣點發掘，往往得經過長時間消費者訪談，分析結果得來。

訪談內容比方：

你到大賣場購買便當時，第一個考慮因素是？

①整體便當盒色彩？

②飯粒質感？

③售價？菜色搭配？

④附帶贈送飲料跟水果？

或是～

你認為林寶堅尼車已經屬於世界頂尖中的頂尖，你認為還需加強哪些地方？

①鋼板更薄，但是耐撞度增加70%。

②座艙設計與波音767客機一樣，未來感十足。

③數位多碟煞車系統；絕無可能發生高速失控現象。

④車主睡著，車自動會以無人駕駛方式，慢速行駛到靠路邊停車。

⑤一但遇上搶匪，會自動啟動定位儀，並立即以無線連線到最近警網所在。

五、直接法：容易

以簡短的字，直接陳述自己如何與眾不同為直接法特色所在。

如：我的維他命是唯一A，又能提供B的健康食品。

在A／獲得澳洲政府認證，或是生產自大溪地，配方多達50種以上。

在B／平日健康養生或銀髮族養生獲改善慢性病等，為自己與別人不同之處。

AB二者內容就個體上來說，它不見得需要樣樣獨特，但AB二者合併之後，其精神就必須達到非常獨特，才能發揮功效。

此外，光釐清 AB 關係還是不夠，

更重要是你很獨特的維他命要賣給誰？

誰才是你最主要客戶群？

六、間接法：細膩

此法特徵在於：先把檢視焦點放在對手身上，當這些策略細節被你察覺之後，先別急著用，不妨讓它沉澱數日，往往經過多天沉澱，或許更好的想法，也會逐漸出現也不一定呢。

如果你的商品屬於網站服務型，他的 USP 產出流程亦大致如此～

想同中求異或異中求同，只需心中反復思索：

『消費者憑什麼理由，非買我的東西不可？』

1、我提出賣點，會受到重視？

2、我提出主張，一點也不抽象？

3、我的賣點，別人很難複製？

這三個關鍵而你也真的做到了，那麼即使你所提賣點字眼簡單，那麼他依然可以替你創造出驚人銷售效果，或許在你以往想法中會認為一個商品搭配一個 USP 最適當，但同樣商品可能會有不同說法，主張。訴求太多，會很難被大眾記牢，因此一個商品搭配一個 USP 想法，並不正確！

如果你賣的是健身俱樂部會員卡，裡面提供 spa 有氧舞蹈，數千坪室內公園，游泳課程，上千種健身器材服務專案 ... 那麼一個原本概念簡單會員卡，這時立刻成為分眾要角；因為針對不同購買群，同一張會員卡，就應該提出不同銷售主張，如：

① spa USP：由南太平洋美容師駐店，讓臺灣女人首次體驗全身海洋護理奧妙。

②巨型游泳池：一個適合親子同樂遊樂設施。

③地中海飲食餐廳：全家可拉近親子關係，促進家庭和樂的外食場所。

　　總之，隨著購買物件不同，一卡多賣，一卡多主張；一卡多銷售的現象，也會應運而生。因此一件商品會衍生出多個概念的結果，也就無足為奇了。

● 個性極為特殊賣點釋例

＊Google 變裝秀　沒特色變身有賣點

　　如果你電腦的預設流覽器是網路探險 Internet explorer 11 的話，必然會在網頁右上角，看到 Bing 搜尋引擎 logo，而它正是由微軟公司推出當家新搜尋引擎 Bing，以微軟公司財力或智慧，想開發新商品易如反掌，然而面臨 Opera 或是 Yahoo、Brave 等難纏對手早已佔有市場一席之地，它自己如何塑造差異呢？

　　從諸多 Search engine 搜尋引擎使用行為研究報告中，我們知道，目前為止全球市場佔有率（網友使用率）最高還是 Google。微軟公司能夠急起直追是最佳方案是與 Yahoo 牽手，讓 Yahoo 入口網站採用 Bing 作為該網站的主要搜尋引擎，雙方共同經營市場大餅，才能與那些對手產生抗衡。爾後才可能大大吸引超級廣告主，投注廣告替微軟與雅虎帶來可觀營運利潤。

　　論道 Google 機能，雖然有很多國家語言翻譯或是超大容量資料庫快速出現，但嚴格來說，跟對手差異還是有限，但 Google 自己卻在幾乎沒特色中，悄悄塑造自己與眾不同之處。

　　你只要常常進入 Google 就會發現 logo 樣式也好，色彩也好，甚至

是逢年過節的主題，創意設計都好，常常在做變化，讓網友常常覺得它很有新鮮感，很有朝氣活力。『以萬變應不變』策略，塑造自己特色，它再加強自己龐大資料庫與搜尋速度，再加上提供獨特無限信箱空間，而終於讓自己穩穩坐上搜尋引擎寶座。

反觀微軟公司的 Bing，雖然與 Yahoo 合作已經開始，雙方也都非常看好未來，但如何讓自己賣點塑造更特殊，更與眾不同，顯然並不是那麼輕易可以達成。

＊水飲料　策略裡有 USP

沒有喝過礦泉水、包裝水、桶裝水、宅配水的人，恐怕少之又少吧。在一年上百億元的水飲料市場中，其拚鬥之慘烈，絕不亞於歷史上任何一場戰役。不但可妣美二次大戰諾曼地登陸，更足以妣美韓國板門店之役。論水飲料戰役中拚鬥的智慧，都將是從事行銷工作者，最佳活教材之一。

悅氏礦泉水，一個原是地方品牌的小廠，是如何在十餘年內躍上寶座與統一集團所屬之數個品牌，形成雙雄對峙局面呢？仔細研究會發覺，他們所運用的戰術非常獨特。

悅氏原本就抓牢水源地底自然湧出概念，拚命挖深宣傳（在當時統一雖積極尋覓水源，仍未有結果）。並從鄉村地區開始加強鞏固（像農會超市、一般阿婆仔店、或 B.C 級 CVS 等）。而所謂週邊，就是指都會區外地域，他們首先從一些便利商店切入陳列，由於統一自恃有強大通路，自然鋪貨點也肥水不落外人田，推出麥飯石及統一為二張王牌商

品抗衡。在 7-11 通路上亮相。藍契斯特大法中，有所謂 3：1 或 9：1 原則，亦即較弱勢品牌想有接向 NO.1 品牌挑戰時，「可能」需付出對方 3～9 倍代價不等。悅氏雖然在好水製造技術上是首屈一指，而統一擁有數千家便利商店連鎖點，也非省油的燈，悅氏自知硬拚難討到便宜，立刻來個「策略逆轉」。

1、先推 CM：

論商品首先曝光國內螢光幕者，應該是悅氏了，雖然當時也有清境、山內 ... 少數國外品牌打廣告，畢竟，都是象徵性點綴，不若悅氏較多的量露出（藍契斯特法中，所謂鞏固地域，其中方法一項須要長期（或大量）廣告支持）。

2、推大容量：

早期時，水飲料上市都以 300c.c. 為主力，悅氏為了擴大市場陸續推出 600c.c. 及 1500c.c. 擴大商品線，並曾率先開發 5800c.c. 家庭號，以拉拔業績，壯大自己聲勢。

3、茶飲陣線：

既然自己做水那麼專業了，以好水去搶茶飲料市場，自然足以發揮借力使力效果，在通路幾乎完全一樣前提下，以茶帶水，再以水帶茶策略鋪貨，搶先機。

4、老大自居：

在一般賣場中，再有名的商品一樣會碰到降價的尷尬，一旦賣場要全面買一送一優惠消費者時，廠商也勢必要跟著犧牲利潤配合促銷。而悅氏知悉在四大通路（指 CVS）處於劣勢（指幾年前）後，不僅全面配合促銷，而且折扣幅度很大，讓業界一時不知所措。

5、示威行銷：

爾後悅氏與康是美藥妝連鎖店，以 300c.c. 每瓶 10 元之超低價大量陳列 mass display，（最近單瓶甚跌破 8 元，300c.c.）促銷。

6、陶瓷水座：

在多年前悅氏於全家等便利商店陳列出了漂亮陶瓷大型水座，希望消費者買多一點的水，連同水座可帶回家。

從以上其 promotion 方法觀察，就精神而言，實不脫離藍契斯特大法 Lanchester Rule，只不過再給他些些「本土化」，遂讓原本毫無特色，沒有 USP 水飲料商品，經過一連串特殊又特殊推廣技巧，變得更有特色，前面例子飾商品本身沒有任何特色，卻又特藉由一連串特殊又特殊行銷手法，讓自己成為領導品牌實例。

＊超市賣點　無中生有

1、松青超市（原松青現為全聯社所收購）

早在民國 75 年，由味全食品公司與日本松青株式會社合資成立松青超市，多年以來總是以「達人嚴選」與「名地名產」的概念，將有特色的生鮮食材與日用品，在主要社區點，提供消費者方便服務。儘管期許自己轉換角色，從顧客的角度創新松青的服務方式。

松青戰戰兢兢提出他們的銷售主張。像是：

①松青的蔬菜做過健康檢查，很安心。

②松青的水果，有不甜包換的承諾，很香甜。

③松青的嚴選，日本人氣零食，很豐富。

　　④松青的漁產，是漁港直送，很新鮮。

2、頂好超市

　　以頂新鮮的好鄰居口號打出大片江山的 Wellcome 超市。

　　雖然盡力在眾多超級市場中，尋找出經營特色包括：

　　①周周促銷檔期安排。

　　②引進國內外農產品水果。

　　③以自家烘培麵包蛋糕為輔。

　　④搭配一般生鮮食品冷凍櫃。

　　頂好超市說它有絕對特色，實談不上，除了有陳列自家開發商品 First Choice 品牌與多項休閒點心之外，跟一般超市並無區別。像是休閒點心與包裝水，則常以 First Choice 低價策略，來與市場中強勢品牌瓜分市場，也奏效（往往大量陳列之後，業績就容易出現令人欣慰數字）。

　　而反觀走更高價路線的**松青超市**，雖然陳列諸多進口品（食品日用品飲料生鮮冷藏都齊全）然與其他超市最大差異，在於生魚片商品特色。原本成本就高昂的生魚片，就因為整個採買到運送，到包裝切片處理過程必須非常小心謹慎（否則易感染生菌），所以一般超市裡，都不願意替自己增加麻煩，而放棄陳列販賣。一般超市是無法發現它的蹤跡（除少數大賣場生鮮部門）。就這樣松青超市，就靠著他生鮮生魚片長期陳列販賣，成為超市中沒有特色中的有特色的一家，也一併替自己帶來很多業績。

　　而為了同中求異，他們找了瀨上剛（日本在台 TV 美食節目主持人）作為廣告代言人，企圖以日本味走出特殊東洋風格。**松青超市**或是**頂好超市**則是屬於典型『在沒有特色中，企圖創造出特色』的智慧型企業。

『水果不甜包換』的賣點，雖然顯得獨特，不過對某些特別挑剔客人而言，這個賣點爭議性將會很大，因為水果甜不甜，買賣雙方彼此認知度往往差很大，一不小心就可能發生不必要的爭執，傷了和氣。

● 企業格調與賣點

一、賣點與企業風格 息息相關

人有人格，藝術館也有各自格調，企業體也會因種種表現在市場上形成獨特風格或受消費者喜愛或批判，一個毫無個性又缺乏格調的企業，市場競爭力將大為薄弱。事實上，企業體的種種表現，不難由外在與內在來綜合評估得到正確答案。外在表現包括推銷方式、收款方式、鋪貨店點的格調，或商品包裝、命名，到公司的格局都屬之。

二、企業如人 格調有高低

根據心理學家研究，通常每個人存在著三種格，深深影響我們行為。

1、**體格**：指我們外觀而言，如阿諾史瓦辛格身材壯碩，或像名主持人曹蘭嬌小細緻。

2、**性格**：因為環境或遺傳、教育不同，所逐漸形成特殊個性，如：巨星湯姆克魯斯 Tom Cruise 的手采。或像歌手伍佰粗礦性格。

3、**風格**：指性格的表現，如領導人言談舉止，有的人性格粗暴，風格自

然粗野，像寨主。有的文人則看來溫文儒雅，如：閩南語歌手吳申梅。

我們試以日本知名企業商標、形狀、公司名；或包裝外觀來與十二生肖聯想的話，也會得到以下有趣結果，如：

1、鼠：7-11、鈴木、大發汽車

2、牛：雪印、森永、東京電力

3、虎：豐田汽車、獅王化工、本田汽車

4、兔：佳麗寶、華歌爾、山崎麵包

5、龍：麒麟啤酒、日本航空、新力

6、蛇：亞德蘭斯、日本電報電話、KDD

7、馬：日產、山葉發動機、本田汽車

8、羊：Onward、雪印、森永食品

9、猴：新力、大榮、萬岱

10、雞：伊藤火腿、伊藤洋卡、長崎屋

11、狗：日本勝利公司、日本通運、電報電話公司

12、豬：大榮百貨、山葉發動機、久保田

三、形容動詞

1、刺激冒險：朝日啤酒、新力、華歌爾

2、作風大膽：朝日啤酒、本田、華歌爾、新力、日產、山多利

3、精明能幹：本田、新力、山多利

4、智慧聰明：新力、富士通、日本電氣

5、富女人味：華歌爾、麗娜、資生堂

6、領導流行：資生堂、華歌爾

7、陽剛氣：7-11、萬岱、House

8、清爽：Sunstar、獅王、花王、麒麟啤酒

9、自然：雪印、養樂多、花王

10、懂的克制：壽屋、久保田、鹽野義

11、富有：日本航空、柳瀨、三越百貨

12、高尚：高島屋、資生堂、精工企業

四、失格會失掉市場

　　也許你的企業格調已經老化，消費者逐漸敬而遠之，或許你的企業格調過於尖端時髦，讓多數保守型消費者，無法接受，而你仍不知其所以然，這一切都有賴於企業格調 Pride 自我調整。畢竟一個毫無個性，又缺乏格調的企業，很難在市場中存活下來的（為了解自己個性為何，就必須做深度研究調查，或為再定位做準備）。

● 影片篇

一、阿甘正傳 Forrest Gump

　　阿甘正傳，堪稱電影史上最具代表性作品之一。雖然上映至今超過數十年，它為何如此成功？其實你只要仔細看全美賣座電影 TOP10 資料，就會先發現，每十部片中，只有一部是大人專屬的，而其他九部片子嘛，完全針對國家未來主人翁而來。更讓人歎為觀止是，該片主角湯

61

姆漢克斯 Tom Hanks 以一位智商僅有 75 分的舊人類，竟能在半夢半醒之間，搖憾出那麼多美國人的腰包，說來確實有些不可思議呢。

阿甘正傳 Forrest Gump 是一部根據同名小說改編的美國電影，曾獲 1994 年 Oscar 最佳影片獎、最佳男主角獎、最佳導演等六項大獎。男主角湯姆・漢克斯的獲得酬勞更高達美金 7,000 萬，成為當時片酬最高的國際級一線巨星。

其實如阿甘的智商並不高（75 而已），但他個性既單純又木訥，卻由於自己信念堅定，遂達成了許多普通人一輩子想不到，或根本就做不到的目標。

在腳本企畫者構思裡，將阿甘的人生歷程穿插著貓王、Beatles、種族隔離、越戰與反戰、水門事件、中國桌球外交、愛滋病等議題。阿甘的故事，就像一面明鏡，清晰反映出吾人生活的各個層面。如果你再仔細研究，會發現阿甘正傳之所以能演出大成功，卻有其 USP 深深吸引著觀眾。

1、題材方面：

完全拋棄了恐龍熱潮、外星人風，取而代之是復古般劇情，很明顯肅立了商品差異化特色。

2、劇情失速：

劇情本身沒有任何速度感，在慢條斯裡多重特效拍攝技巧下，觀眾等於花了一部電影票錢欣賞四位美國歷任總統同一片子演出。像約翰甘迺迪、尼克森、約翰藍儂、貓王的客串演出，在在滿足了消費者值回票價的心理。

3、事前調查：

上市之前，該片企劃 team 能準確預測到，觀眾對於打打殺殺、警匪槍戰片子感到極端無聊，而製作公司更明瞭，當時美國人對電影品味也愈來愈高，為了再度滿足美國人對人生規劃完美期望，為了抹平政治人物的言而無信，政府單位偏袒，對宗教領袖的無奈，阿甘正傳適時加入了良心份子，並穿插喜感十足的阿甘角色，來博得大眾的認同。

4、低調上片：

上片後該片也不刻意誇大宣傳，一點兒也不像喬治盧卡斯頂尖人物架式，或做大篇幅宣傳自己。試著想，以美國這位號稱經濟強人，又是軍事專家，又是民主大國聯合體系，都這麼重視百姓心理，消費需求，推出了萬民期待的電影，填補他們盼望，其成功絕非偶然。

電影中有一句名言，至今為世人所稱頌：「**Life was like a box of chocolates. You never know what you're gonna get.**」**人生有如一盒巧克力，你永遠不知道將會嘗到哪種口味**。此句已被收錄美國電影學會百年百大系列電影臺詞。

二、安德魯古怪食物 Bizarre Foods

吾人常說：『見怪不怪，少見多怪』創意能夠多標新立異，才能多吸引人注意。

在 Travel & Living 休閒生活頻道中，也曾出現了古怪世界主題電視節目，安德魯席曼 Andrew Zimmern 一度走訪印尼的蘇拉威西。儘管蘇拉威西，本身是一個很小島嶼，或許在臺灣的你幾乎沒聽過，但它卻曾是大名鼎鼎安德魯先生，同時也是古怪食物 Bizarre Foods 節目的 Presentor 所拜訪過的特殊景點。

印尼的蘇拉威西，有一島中島，稱為托拉卡高地。與世隔絕的偏遠位置所孕育獨特的文化，極為特殊。那個地方人習為親友死者，安排豪華的葬禮，但由於花費不低，所以一般人得積蓄大半輩子才辦得起一場面子十足喪事，而死者在葬禮前，會被安放睡在棺木裡。

習俗中，參加葬禮的人都得帶禮物前往告別式，其中家禽或牛羊豬隻在葬禮上會被喪家拿來直接烹煮，供所有哀悼親友共同享用。在古巴巡禮那一集中，雖然安德魯先生並未刻意安排尋訪古怪食物，然由於古巴與美國早就是冤家死對頭，自然該國政府禁止進口美國新車販賣，所以車迷只能利用廢棄的歐洲車來改裝或修繕古典美國車，而使這類型古典車充斥古巴街道，成為另類世界奇觀。

非常喜歡在世界各地大膽率先嘗試稀奇古怪食物的安德魯席曼，像是吃水瀨，吃羌肉，享用叢林裡白蟻、吃地下蚯蚓或滿臉興奮的品嘗油炸蝗蟲等等，還有非洲的喀拉哈裡沙漠之旅，與土著共同獵殺超大只野生山豬後，奇特燒烤方式也堪稱一奇。

另外像馬尼拉市與胡志明市風行的鴨胚蛋街頭小吃，經過其介紹與試吃，同樣讓很多觀眾為之大開眼界，鴨胚蛋是取材自受精的鴨胚胎，在發育約 20 天左右後，帶殼蒸過後食用的點心。整個製作過程，也是古怪到家。

其實我們光看安德魯席曼 Andrew Zimmern 壯碩肥胖身軀，以及頂著大光頭模樣，還有他穿著非常隨興，總是一件短袖襯衫與一件寬鬆長褲或短褲，就出外景實情來看，就已經是滿特殊了。

反觀同樣該頻道，同質旅遊節目主持人；像是珊曼莎穿著、髮型就顯得有品味多了，當安德魯齊曼飛抵德國之後與賈斯敏來到菲特斯哥登，

德國巴伐利亞阿爾卑斯山區（鄰近奧地利邊界），一起享受啤酒 spa 全身呵護，覺得渾身舒暢。

我們客觀分析安德魯古怪食物 Bizarre Foods 節目 USP：

1、取景古怪：

經常不是深入熱帶雨林就是赤道附近，或高山偏遠村落，取景古怪自成一格。

2、食物古怪：

像是蠑螈，大蜥蜴，蟋蟀，禿鷹蛋，黑熊大掌，深海鮫魚等等，往往都是主持人他躍躍一試食物。

3、粗線風格：

從主持人穿著，全身隨興打扮或他帶有美國鄉村口音，以及全節目內容燈光取景或導演手法來看，都是粗曠的表徵。

三、靈異七殺 Child's Play

Chucky 恰基！一個邪靈附身的大玩偶與安迪 Andy 為主角，由環球影片公司所拍攝的驚悚電影，或許你跟筆者一樣看過靈異七殺、靈異入侵、靈異入侵少年兵團、鬼娃新娘連續四集的電影很多遍了。

曾經就有人在 MTV 一口氣看完四集電影后，竟然走出 MTV 大門時，雙腳開始發軟，當場扭傷腳踝，而無法行走，立刻被送到附近醫院上石膏，打點滴；說來還真是有些邪門呢。然而無論是事件發生巧合或幽靈作怪，Child's Play 電影中的壞人恰基，已成為銀幕上最著名的邪惡象徵之一，其驚悚指數絕不亞於『老師不是人』或『破膽三次』。

　　所有作品中的『靈異入侵』更獲得影評人肯定，入選為影史上十大經典恐怖電影的第四名，排名僅次於《鬼店》、《驚魂記》、《大法師》。它也是繼首集《靈異七殺》作品上映後八年，才再推出的。而原本小男孩安迪已長大成人，進入軍校就讀。玩具公司決定運用以前的舊材料，重新生產製造大機器娃娃，沒想到當年的殺手查理的邪靈，竟然又附在邪惡娃娃上，竟然復活了！邪惡娃娃手持利刃到處尋找安迪，打算延續多年前的殺人儀式，於是他附身到一個軍校新生身上，大開殺戒。

　　《靈異入侵》、《靈異七殺》、《靈異入侵少年兵團》、《鬼娃新娘（限）》、《鬼娃新娘之鬼娃也有種》。

　　安迪的母親經過一番大戰後，瀕臨精神崩潰的邊緣，於是安迪被送往寄養家庭。玩具店的老闆決定將殘缺不全的大玩偶重新修理，希望改變成一個好娃娃。沒想到，邪惡的靈魂變本加厲，準備展開另一次大殺戒……

這部電影所搭載的 USP 有哪些？

1、大小通吃：

　　劇中第一主角是安迪幼童，第二主角是大玩偶，幾乎可確定片商希望老少通吃。而且以往很多驚悚片子都是以動物為題材，像是：異形；史前巨鱷；大白鯊、金剛（非完全驚悚）環球片商發現機器玩偶驚悚題材，覺得新鮮、有亮點，遂決定開拍。

2、製作費低：

　　除了大娃娃系採用遙控設計之外，場景或演員並未刻意著墨，因此製作費低廉。

3、玩偶殺人：

殺人不眨眼的機器娃娃，心狠手辣，加上玩偶快速行動力，與靈活身軀；構築明顯賣點。

4、腳本稱奇：

從少年軍團故事到鬼娃新娘，或靈異入侵的故事鋪陳，在當時仍是值得稱頌的。

● **食品篇**

一、自己端牛肉麵

『本店引進雲南獨特的蒸煮器具，汽鍋製作清燉牛肉麵，搭配特選新鮮本地牛肉，肉質鮮甜，不同於一般經多時冷凍冷凍牛肉，鮮肉味早已流失，就算搭配其他材料再好，也無法跟我們汽鍋的特殊功能所製作出來的面，緊緊將鮮肉味鎖在汽鍋之中人間美味相比。完全不需要再搭配其它中藥材，讓您品嘗地道的牛肉美味。』

看到這個由某著名牛肉麵店廣告詞後，你會很想前往該店家品嘗一番嗎？在還沒提到我們主題之前，先讓我們分析一下每日攝取食物熱量：以飯類來說，一碗白飯約有 280 大卡熱量。日式豬排飯 540 大卡，印度咖哩飯更可能高達 585 大卡。而上班族的最愛 --- 雞腿飯，熱量更高達 700 卡大關。如果其油炸程度更深，熱量可能逼近 900 卡。而你我情有獨鍾的牛肉麵是 450 大卡。熱量接近一碗半白飯。

提到牛肉麵可能你會有很多『吃麵經』，像是搭配粉蒸排骨或香辣

的雞爪，或酸菜要加多少的量才能襯托出美味，或如何 DIY 做出有日式風味的拉麵，或臺灣的牛肉麵節由網友票選出來的前五名的店名是？他們之間到底有哪些不一樣的賣點等等。

老饕喜歡掰麵經，那店頭老闆更在意是如何完美塑造出自己特色，讓食客覺得他們非常特別。有些店會主打四色蔬菜，含多醣體的菇類，木耳防癌，紅蘿蔔對眼睛好，再搭上 A 菜，呈現出真正地道牛肉的新鮮好味道。

有些店家乾脆以清清如水，表示雜質，牛油少，熱量少，多吃不易肥胖 . 作為湯頭特色，也有另一派老版主張純牛肉味，來與客人結緣，宣稱絕不添加任何中藥材，保證客人享用到的每一碗，都是原汁原味。

而專賣牛雜麵的攤子。一碗熱騰騰新鮮的牛雜麵中，可以清晰看到牛肚、牛心、牛肉汆燙後，所有食材的對話。說來有趣，號稱川味的紅燒牛肉麵，是臺灣獨創，去過四川遊玩的人都知道，當地並無此種麵食。老饕也多知悉，烹調川味紅燒牛肉麵，通常會使用辣豆瓣醬讓它味道更獨特。

所有認為有特色面店，幾乎全在食材與料理過程著墨，獨獨有一家遠近馳名麵店，是如此豎立口碑的，其獨特賣點如下：

1、只供應一種牛肉乾麵，從不供應帶湯的牛肉麵。

2、店裡只有負責掌廚下面的老榮民，跟一位廚房負責洗碗的歐巴桑而已，那由誰負責跑堂端面給客人享用？

賣點就在這裡！

不論販夫走卒，只要進店裡，點完麵後，當老榮民老闆煮完麵同時，客人必須立即趨前到大爐子邊邊，親自將自己所點的，小心翼翼端回自

己的座位上去享用。因為沒任何人會幫你端麵到餐桌上。還有，客人吃完後，就必須自己將空碗拿到廚房放。由於其獨特待客法，立刻口碑相傳開來，許多想大快朵頤者，還往往會因店家門口大排長龍結果，敗興而返。

二、維基百科

1913 advertisement for, the oldest and one of the largest contemporary English encyclopedias.

如果你有任何疑問需要解惑時，趕快查閱我們大英百科全書，全套29 冊，共有 44,000,000 字意，全套以印度進口紙張印刷。這是一則在1913 年由大英百科全書 Encyclopædia Britannica 製作公司所刊登的宣傳海報，當然如果這則海報是出現在當今網路廣告的話，其吸引力必然會差很多，因為：

1、現代人閱讀習慣早已改變，電子書網際網路當道後，由平面習慣變成立體化其趨勢更為明顯。

2、現代資料非常重時效性，那些過時的情報，更乏人問津。

3、網路上很多搜尋引擎都能提供傳道解惑機能，任何人上可透過網際網路很快又不用外出就可查閱到數十萬筆答案，非常便捷。

4、而且經過滑鼠右鍵 click 之後，想要複製資料或直接列印，彈指之間就能完成。

然而在網路尚未開始主導我們生活一切時，人們還是得透過大本大本百科全書查閱，得到所有答案。而自從 internet 當家後，陸續出現很多

線上 encyclopedia，有的是新創立網站，有些則是將自己原本豐富的資源，由實體世界搬進網路世界，然後再做很多內容強化與更新，讓自己成為名符其實的知識平臺巨人。

Viki Encyclopedia 其 USP 有哪些呢？

1、任何人都可以變身為他們的編輯群，可以修改百科全書上的內容，但是須遵守方針和指引。

2、它在宣傳是一個內容自由、全世界人都能參與，並有 200 種以上不同國家地區語言版本。

3、明顯目標是建立一個完整、非常精確，具有參考價值百科全書。文字內容在 CC-by-sa-3.0 協議下發佈，任何一位求知欲強的人，都可以在該協議條款的要求下自由使用網站裡所有內容 ......。

4、IRC，如果你覺得意猶未盡，還可透過社交媒體 Social media IRC;跟其他線上朋友以類似聊天方式，大家交換使用心得，或真對特定議題共同發表自己見解，而經常向維基百科查詢資料，網友必然會對他們的 slogan 口號 "海納百川，有容乃大，人人可編輯的自由百科全書，已有 336,721 篇中文條目 ......etc" 不陌生才對。

很明顯，其特色內容，出現在上頭資料、圖片及其他內容，不僅都是數千萬參與者在維琪百科的高規格標準努力成果。更在在佐證了 slogan 裡，他們旺盛企圖心。

三、50 元迷你披薩

　　Pizza 這個源自古希臘的烘焙燒烤食物，在臺灣像必勝客、達美樂、拿坡里三大品牌，來臺至少都有 30 年之久，都擁有各自的忠實客戶，因為強調新鮮口味道地，以現做披薩，將麵粉、油、水等配方攪拌成麵團，再壓成圓形麵皮等待發酵。等訂單上門後，將配料鋪陳於麵皮上，再放入烤箱內烘烤數分鐘，即可將美味披薩配送到客人指定地點。Pizza 往往透過買大送小，或贈送可樂、薯條做促銷活動，來吸引不同族群消費者。

　　也因為所有品牌 pizza 都將價格訂在 300 ～ 500 元左右價位觀系，才會讓一些腦筋動得快的生意人，想到『以小搏大』策略：

1、披薩尺寸變小了，6 吋（大約與蘿蔔絲餅的尺寸，不相上下）。
2、披薩價格壓低到 50 元，一個相當有吸引力的價位。
3、並當時以很快速度連續展店，攻佔學校附近店面。

　　依照常理判斷，光是價格壓低到當時真空地帶，就能創造出驚人業績，然而 50 元披薩雖然有著自己 USP，最後還是因種種因素交叉影響結果，逐漸消聲匿跡，實為可惜。

　　分析其失敗主因：

1、專業度：

　　往往店家賣披薩、可樂、炸雞、薯餅、薯條、茶飲料之外，還會兼賣火鍋、雞腿飯、排骨飯等諸多品項，容易讓消費者覺得專業度不足。

2、食材使用：

　　更是令人百思不解，因為消費者期待是 50 元價位沒問題，尺寸縮小也是天經地義的。但起碼品質應該與大披薩不相上下才對，但店家為了降

低成本，因而使用預烤熟麵皮，遂與大品牌現烤新鮮麵皮的口感訴求，完全無法相提並論，且口感變硬，加上使用配料也明顯與大披薩差異甚大。

3、經營手法：

三大品牌在行銷重點在於外送市場的開發，反觀 50 元 pizza 業者，卻習慣依賴學校商圈固定客人。比較偏向守株待兔方式經營，因而業績無法繼續成長。

4、成本偏高：

雖然沒有雄厚資本大作廣告，但原物料成本無法與三大品牌抗衡（大品牌 1 次進料可以很多，但 50 元披薩相對進料量偏低）。

然而現在回過頭來分析當年這麼有賣點的小披薩，其實能初試啼聲就口碑相傳要歸功於這兩大賣點：

1、下探真空市場：

也就是說，200 元甚至是 100 元的商品，付之闕如，才能搶灘成功機會。

2、Size 更讓人節流：

小披薩適合中學生一個人，下課後當點心果腹，如果大披薩一次總是會吃不完，感覺上會浪費很多。

50 元披薩逐漸消聲匿跡之後，它的第二戰場出現了。

傳統位市場出現沒燒烤披薩，而這樣的行銷思維又給我們哪些特別啟示？

山不轉，路要轉呀！

● 日用品篇

一、SK-II 神仙水

"SK-II 到底是用什麼來製造的？為何那麼好？

我很想知道！

（我想去這個地方，請問如何去？）

（女 model 雙手順勢張開）如此美麗，原來真有其事的！

酵母所發揮的效用實在太神秘了。

（呀～，原來真的是這樣！）

為了讓肌膚也可以重現如清酒釀酒師雙手所看到的事實，SK-II 發現了 Pitera，這種天然原素，正因有這種透明感，讓眾多女性窮追不捨。"

在臺灣可能你永遠看不到這則化妝品的廣告片內容，但在香港的讀者，可能就對它不會陌生了。

想到 SK-II，很容易讓我們聯想到名模劉嘉玲在廣告片中的演出，是那麼的自然毫不做作，由於她出神入化演技，更是 SK-II 神仙水之所以能席捲市場大功臣。

SK-II 曾經主打過的特殊配方——Pitera，它到底有何魅力呢？

如果以微生物學裡〔生命學、細胞學、細菌學〕來探討，它其實是利用天然酵母發酵後，所提煉萃取的珍貴成份，含健康膚質不可或缺的游離氨基酸、礦物質、有機酸、無機酸等自然成分，具有優異的滋潤及特殊保濕功能。

而其專利的天然活膚酵母精華 Pitera，更能深入輸送至皮膚深層組織中，達到滋養、修護、潤澤賦活細胞的效果，幫助肌膚自然代謝正常化，讓肌膚晶瑩剔透，呈現極佳的彈性。

看完這些平面廣告訴求內容，自然也會讓我們對該商品智囊團的企劃功力，致上最高敬意，因為光是『28天給妳一張全新肌膚』slogan，就非常具有說服力量。而商品智囊團指的是 P&G 美國寶鹼公司。該集團從事多角化經營後，不但跨足食品與飲料、口腔保健用品，更信心十足涉入化妝品領域。P&G 公司特別擅長收購他人既有品牌，加以差異化，加以行銷包裝後，拉高價位；讓商品奇跡般復活。最明顯例子就是她們收購原本經營績效未盡理想的歐雷化妝品，經過整合後，以更高價格推出市面，而幾乎席捲市場，造成業界大震撼。

SK-II 成功捉住女性消費者「愛美白」與「怕黃臉婆」的期盼，開發出 Pitera 專利，並憑著強勁的產品力及大手筆的廣告費用，奪下第一品牌寶座。

概念十足，推新品

很多年以前一家法系保養品廠商率先業界推出蘭花做為主成分新商品。當時很多消費者對於蘭花訴求商品一頭霧水，一直到廠商頻頻宣傳能抑制脂質過氧化，有細胞活化及保護 DNA 多重效果後，該商品銷售出現暢旺情況。說來有趣，將鈣 Ca 成份放進保養品來做為賣點的，他們是如此主張的。因為我們的皮膚很容易因缺鈣，往往女性隨著年齡增長，鈣會沉澱於肌膚底層，啟動肌膚老化的機制。而唯一能留住肌膚青春妙方藉由硫酸鹽的牽引，來促進肌膚鈣質正常代謝，讓肌膚回復應有光滑細緻。

花香最惹人愛

　　一般而言，標榜頂級保養品業者，會研發出有香氛成分的玫瑰花、蘭花、天竺葵等高檔的花香調（像高及香水基調）；而一些歐洲品牌的日霜則會以黑醋栗、香桃子、晚香玉，能 refresh 醒腦或在晚霜中，加入了夜蘭、老虎百合、檀香等配方；來舒緩女性緊張繁忙情緒。

所有保養品品牌中 SK-II 究竟靠哪些賣點，讓自己成為經典品牌中的經典呢？

1、以法國格拉斯玫瑰花香作為特殊賣點。

2、28 天還妳一張全新肌膚。

3、精確鎖定 30 歲左右女性，重肌膚保養族群。

4、訂出市場最高價位的清潔、卸妝系列，塑造唯有高價商品才是最好的形象。

二、酵素超貴牙膏

　　『我目前是在用 " 因特力淨 " 這款啦，它是一款酵素牙膏，非常的天然，就算吞下去也沒關係。使用方法是乾刷式的，因為牙膏中含天然酵素，會讓酵素跟口水結合，去分解口中細菌，整個感覺超好用的。不過一條 125 克牙膏卻要賣到 430 元，貴哪，不過一分錢一分貨吧 ......』。

　　當這則網路知識問答出現後，立刻引起話題，因為當時很多人都以為發問者可能將該牙膏的售價寫錯了。怎麼可能一條名不見經傳的牙膏售價會高達 430 元。然而這種高價牙膏的誕生，是有其市場背景的。

牙齒不健康，牙膏有關聯

國家未來主人翁牙齒健康情形又是如何呢？

基隆醫院曾對基隆市 2 萬 4930 名小學生的調查結果發現：國小入學 1 年級齲齒發生率 74.93％、2 年級 83.81％、3 年級 87.05％、4 年級 77.87％、5 年級 65.04％、6 年級 55.05％。也就是說，乳牙齒數隨年齡漸增因換牙漸少，而恆齒齒數會隨年齡愈大牙齒萌發愈多，因此高年級的蛀牙反而較少。

其實不只孩童，很多大人也總是疏忽口腔衛生習慣，總認為睡覺前刷牙就夠了。然而專業醫師總是在呼籲，餐後或是吃完點心之後能夠立刻潔牙，這才是根本之道，並建議搭配使用牙線，清潔牙齒間的接縫，才能確實做好口腔環保工作。

為什麼要如此大費周章做口腔清潔呢？因為只要我們吃完東西後，如果在短短兩分鐘內沒有立即刷牙的話，口中細菌就會開始滋長，日久之後，牙齒健康就會面臨威脅，可能造成牙周病，可能會讓牙齒開始有過敏現象，更可能因此衍生更致命的病變。

為什麼市場上會出現 150 克售價需要賣到 350 元（上市時售價）牙膏？350 元的牙膏能夠暢銷嗎？或許到目前為止，還沒有人在大賣場看過他的身影呢？

提到牙膏種類還不少呢，有抗過敏，有維他命，有蜂膠，竹炭，有海鹽，也有所謂酵素牙膏。

而 Intelligent 因特力淨又憑哪些賣點，能夠攻佔市場一席之地？

1、乾刷：

一般牙膏在使用時，都是需要先將牙刷沾水使用，但獨獨該牙膏是要用乾刷（不能將牙刷事先沾水）。

2、發泡劑：

　　一般人總認為牙膏應該有發泡劑才對，刷牙過程中泡沫多代表會去除髒東西效果好，但該牙膏確提出了不含發泡劑更可以保護牙齒新主張。

3、多種酵素：

　　在牙膏中擺入乳鐵蛋白、初乳、等共 5 種天然酵素，經過很多消費者實際使用後發現，陳年的牙結石竟然整片落下，而惱人的牙痛或出血現象不再發生。就連看牙醫的次數也跟著減少了。

4、捨棄大眾通路：

　　專攻牙醫師（具有權威性）診所，爭取有機商品連鎖店通路。

　　其實再回過頭來分析它的定價，光是一條 350 元的點，就已經成為高級商品特殊賣點了。而它能存活市場帶給我們啟示是什麼？行銷戲法人人會變，巧妙各有不同；不是嗎？

三、面紙小故事

　　提到大賣場自營品牌商品，實有如過江之鯽，從餅乾類麻花、方塊酥、沙其馬到水餃，包裝水，應有盡有。很多都是同一家廠商代工的，只是品牌貼大賣場的，然後再將售價壓低，來吸引一些懂節流致富消費者。以礦泉水為例（說包裝水可能會適當些），很多知名品牌水都是出自宜蘭九股山附近的同一家工廠代工。面紙商品大量代工情形，也是相去不遠。桃園南崁某家工廠，也是長期以來專門替幾家一流品牌廠代理商，代工生產。

以大潤發為例，因自創品牌商品單價比起常態型廠商更為便宜，（也找習於找名牌廠商代工），在物價缺乏或是物價上漲時，某些品項的業績成長更為明顯，特別是在缺水期間，自家礦泉水更是大賣；其自創品牌大拇指衛生紙，也是所有衛生紙類產品中銷售第一名。

自營商品大賣的原因，只要市場上某項商品價格波動大，就會讓自營商品大賣，例如市場上缺蛋，蛋價又高，量販店的自營洗選蛋就相當受歡迎。

不景氣陰霾持續不去加上很多商品物價逐漸上漲同時，經營走低價策略的量販店，業績自然會愈來愈亮眼。也因為找知名廠商代工，不僅少掉行銷人事費用，也免除了中間商傭金，末端售價就可以更便宜，更具市場競爭力。

而全無漂白，或是香水面紙，或全黑色澤的衛生紙，甚至到包包裡頭都是五顏六色衛生紙，都可以稱得上有特殊賣點。其中衛生紙再漂白是在洗漿過程中加了漂白水（次氯酸鈉，這是一種強氧化劑），不但容易傷及纖維，但為了能滲入纖維內，結果加重廢水處理的困難度。

金百力克拉克公司就曾率先以代工方式（透過欣達工廠）製造第一代香水面紙。當時由於製造過程中添加進口香水，賣點新穎特別受到女性消費者歡迎。讓該公司贏得不少商機，風光了好一陣子。

而日本人更是以創意見長，在面紙生產過程中加入了繽紛色彩。另一家公司則大膽推出色彩全黑的面紙，因為徹頭徹尾烏漆抹黑，也轟動了日本市場。不過在國內，類似商品銷售卻沒有像日本那麼風光。只能說國情不同，銷售結果也不同了。

雖然所有品牌頻頻發動低價促銷戰，而彼此商品特性又無任何差異

時，要如何塑造特殊賣點？

1、通路：

很多品牌紛紛與入口網站，或知名網路商城合作，推出低價宅配服務。

2、切入新市場：

面紙再怎麼看，她依然是是白白淨淨的紙張。如果外包裝出現 intel inside Logo，或外包裝上頭大大秀出著名科技公司名稱，甚至直接切入新成屋市場，或切入高級社區（如帝寶 Logo）變成社區內專用的面紙，都將是賣點無中生有的妙法。

● 3c 商品篇

一、多核心 CPU 電競

當今電腦發展速度實在令人歎為觀止。光是硬碟空間研發還有 Ram 記憶體，主機板效能，到獨立顯示卡，其成果非常豐碩。而當中最令人興奮的末過於中央處裡器已經體積愈來愈小，而且大大降低耗電量。經濟情況很好的消費者當然會選擇多核心電腦，來加快處理效能。

你認為單核心與多核心電腦（筆記電腦也是相同）的差別。

儘管很多說明書上會清楚記 CPU 核數愈多，效能會更明顯，或許讀者也認為，購買多核心電腦跑遊戲一定跑的比單核心快，其實真相並非如此。因為：在理想的狀態下，即使只是一個單純的工作，一樣可以由

多個核心同時完成。

　　意即效能就會跟核心數目多寡成正比。但軟體的使用情況前提下，它依然會牽涉到許多的變數。就專業術語來說，其實就是平行處理的問題。換句話說，當所有應用程式不是使用平行處理的方式去寫的時候，就算你使用8核心、16核心、甚至更多核心的電腦，要它極速完成工作，快也是快不到哪裡去，再從另一角度來看，如果軟體是使用平行處理方式去撰寫，系統在處理時就會將工作平均分給 CPU 去跑，結果處理效率就會跟著大大增快。

　　當然任何一位准購買者前往店裡要添購電腦時，賣場的 sales 必然會立即投其所需，來一一破解買爺的疑慮。面對茫然無頭緒買爺上門，他們必然會主推店裡促銷機種；因為多促銷某一品牌專案促銷系列商品，就會拿到更高額的獎金，對於買爺是否一定會有物超所值感覺，sales 才不會理會。面對文書上網一族，sales 當然不會 push 4核心，8核心中央處理器商品，面對遊戲達人，這時獨立顯示卡與多核心的訴求就非常需要了。

　　多核心的好處：當你在同個時間內同時處理像是 winzip 解壓縮、game 遊戲、或掛著 MSN、Skype、音樂等軟體時，如果是單核心電腦，就算是最頂級售價進口機種，系統運作也會變成慢郎中。甚至動彈不得。相反的，多核心 CPU 就不至於出現這樣窘迫情況了。

　　CPU 賣點有了，但商品本身如何再突破銷售，想來都是業界。

二、防毒軟體

　　防毒軟體除了你我熟悉的卡巴斯基與諾頓之外，其他像是：AVAST，BULLDOG，Mcafee 等等，同樣也都是世界頂尖的防毒軟體。

　　像來自羅馬尼亞的老牌殺毒軟體－位元防護大師 BitDefender 殺毒軟體，號稱擁有超大病毒庫，具有功能強大的反病毒引擎，以及互聯網過濾技術，提供即時資訊保護功能。

　　或許鐵衛防護 F-Secure AntiVirus 對多數國人來說，依然陌生。但它不僅是一款功能強大的即時病毒監測和防護系統，並支援所有的 Windows 平臺，它集成了多個病毒監測引擎，如果其中一個發生遺漏，就會有另一個去監測。

　　此外，亦可單一掃描硬碟或是一個檔案夾或檔案，軟體更提供密碼的保護性，並提供病毒的資訊。來自芬蘭的殺毒軟體，更集合 AVP、LIBRA、ORION、DRACO 四套殺毒引擎，該軟體採用分散式防火牆技術，並曾在 PC Utilite 電腦設備評測中，以優異評比成績，超過卡巴斯基 Kaspersky，名列第一。

　　提到防毒軟體，嚴格來說一個物超所值的防毒軟體，它具備的賣點，至少有以下 15 個中的 10 項：

1、是真正的免費軟體 freeware，可以免費免久使用。

2、具有中文英文介面。

3、掃毒速度更快、系統資源佔用很低。

4、2 小時內反應、防毒最新發現的病毒。

5、有 Email 郵件防護功能（POP3、SMTP、IMAP 或 NNT）。

6、可掃描壓縮檔，支援 ZIP、ARJ、CAB、RAR、LH。

7、可設定為只掃描新檔案，或更新過的檔案，掃描速度更快。

8、惡意軟體阻擋或移除功能。

9、支援 Intel HT 多工技術。

10、支援微軟 Windows XP 64 位元版本與 Linux 作業系統。

11、支援省電技術。

12、操作介面色系搭配，非常高雅柔和，不會有單調不協調情形。

13、開機時若有掃描，最好能在 20 秒內結束。

14、偵測病毒準確率其各自都有高達 97% 以上。

15、徹底移除難纏的特洛伊與各種刁鑽病毒。

　　雖然很多來自各國防毒軟體都有其各自強大防護本領，甚至商品特性都極為接近，但顯然可以試用 30 天、60 天或 90 天的優惠，也悄悄變成的另類的 USP 了。

● 宗教篇

一、佛陀與耶穌對話

　　一家德國旅館裡，借給旅客使用的浴袍總是失竊。客房部經理氣憤列印了一張公告，立刻請服務人員分發到各房間。

　　公告清楚寫著：『不論是誰偷竊本旅館浴袍，將被送警究辦，絕不寬待』。經理本以為從此應該不會再有人把它帶回家，不料，情況依然沒改善。隔 6 天，他把內容改了：『請勿將本旅館的浴袍悄悄拿走，以免觸法。』隔數天之後，情況並未好轉，經理又把內容改了：『如果您

對浴袍感興趣，請洽我們櫃檯，我們有全新的，可以優惠賣給您，免得您拿走別人用過的浴袍 Check out 時，卻被我們扣了全新浴袍的錢，這樣反而不划算，不是嗎？』經理自信滿滿向董事長拍胸表示，必然可以100％杜絕弊端。不過情況雖有改善，卻偶而還是會發生類似情況。

後來信奉基督教的董事長，親手寫了新公告：『感謝神，因為我們的浴袍實在太討人喜愛，常常會有人希望把它帶回家珍藏，而每天使用它時，都會記得我們這家 Hotel......』。

你猜為什麼他貼了這公告後，不少在該旅館打尖的旅客，回自己家鄉後，都變成基督徒？

原來浴袍上多了兩行字：

『生氣卻不要犯罪，不可含怒到日落』

『他若求告我，我就應允他，他在急難中我要與他同在，我要搭救他，使他尊貴』

在臺灣基督徒的比例依然偏低。無法與道教佛教信仰人數相提並論。比例偏低主因是國人的宗教信仰，根深蒂固，很難改變。

基督教信仰的 USP 在於：

「神愛世人，甚至將祂的獨生子賜給他們，叫一切信祂的，不至滅亡，反得永生。」- 約翰福音 John 3：16

「不是我們愛神，乃是神愛我們，差他的兒子為我們的罪作了挽回祭，這就是愛了。」- 約翰福音 John 4：10

反觀佛教信仰則主張：

『心存善念，福雖未至，禍已遠離；心存惡念，禍雖未至，福已遠離。』

佛教重因果論，即世間因果與出世間因果。世間的因果，是迷的苦果（苦諦）與苦因（集諦）所組成。要擺脫人生苦難就要追求出世間的因果，即是要「悟」，悟的果即樂果（滅諦），悟的因即樂因（道滅）；有如此領悟人生才會有快樂，才能脫離苦難。

佛陀定三印法實指的是即「諸行無常」，無論是物或心，都在流轉變化，所以人生是無常不定的。佛陀觀察世間萬象起於因緣，因緣一但歸滅，人生也跟著歸滅，所以生命也是無常。故主張「無我論」亦謂「諸法無我」；「涅槃寂靜」。即斷絕因果輪迴，寂靜入滅，此後當不再有苦難的輪迴。在道德規範方面，獲得生命解脫的方法又有所謂「入世八正道」，即教導人多走正軌，以獲得生命解脫。關於此 USP 與基督教義中的『摩西十誡』內容，多有類似之處。

二、法華經 VS. 創價學會

創價學會 SGI 可以歸結於人性革命這 4 個字。根據這個概念所蘊含的意義，一個自發的內心變革，將對身外的環境造成正面的影響，並促進人類社會的成長。同時它是以日蓮佛法作為哲學基礎。（日蓮是一位 13 世紀的日本僧侶）。日蓮主張佛法是實事求是的生活原理，旨在幫助活在現世的人們，解決他們的切身問題。日蓮佛法教示，自身與他人兩者的幸福是息息相關的，而唯有為他人的幸福努力，人生才有真正的意義和滿足可言。

日蓮的教義 USP 也強調：

人人都具備無限潛能，可以戰勝生命中難免的種種苦難，過著富有價值的人生，並改善社會乃至整個世界。

　　日蓮的哲學源流可追溯至佛教創始人釋迦牟尼的教義。日蓮認為，在釋尊諸多法藏之中，法華經是唯一蘊含佛法的精髓，即釋尊所悟得的至理。法華經不但開顯了生命皆含佛性之理，更論證了人人可將佛性湧現的可能性。

- 摘錄自 www.twsgi.org.tw

　　的確，如果回教、基督教、天主教、喇嘛教能夠仿效 SGI 創造力去推廣自己教會，相信地球上將不再有戰亂發生，渾身留著扶桑血液有的創價協會，特別是在舉辦自己發表會構思的確相當具有 USP，還有他們把宗教信仰推廣策略導向：

1、X、Y 與 Z 世代。
2、鎖定急欲脫離煩惱，逃避種種壓力桎梏族群。
3、很快能接受新事物，革新行動派。
4、唱題祈禱經文中，以百分之百日文發音。
5、舉辦藍調爵士熱歌競舞讓無數信仰細胞如獲再生。
6、當有受邀者來到發表會現場時門口，早就站滿兩排長長歡迎隊伍，在
　　不輟歡迎聲浪中，你覺得備受尊重，倍感震撼。
7、然後所有受訪者，還會被現場招待員戴上藍紅相間的胸花，以資識別。
8、發表會開始，會場跟著響起爵士樂鋼琴演奏，沒有聖歌，沒有一般宗
　　教的刻板念經模式。

　　創價學會的「創價」二字，其實就是「創造價值」的意思，在一般世人而言，要衡量一個人「價值若干」，真正的價值，應該從人與及人生的角度來理解的，世間萬萬事物，其價值的高低取決於它與人生命體的密切關係的程度，而通過人的努力，將萬事萬物對社會與及人生更加

實用和有益，這就是創造。因此，創造價值一詞，實際上是每一個人使
社會得以完善、使人生得到幸福為主要宗旨。

　　創價學會 USP 強調：

　　提倡人類平等的教義。不論僧侶還是在家，人人都可因日蓮佛教而
開發佛性。並具有入世濟世、為世界和平行動的菩薩精神。

三、每天五次 感恩阿拉

　　宗教其實並沒有帶來人類企盼的和平，卻在在引爆一場又一場戰爭。

1、只有一位神

　　祂沒有夥伴（所以沒有三位一體），祂不生養（所以沒有獨生子），
祂有絕對權威，一切都本乎祂（所以惡也是由祂而來）。

2、神創造了天使

　　天使無所不在，一個站在人的右肩，記錄人的善行，另一個在左肩，
記錄人的惡行。審判之日來到的時候，人要按照這些記錄受賞或受報。
魔鬼本為天使，因為違背神不肯敬拜亞當，後來變成邪靈（Jinn），是由
火創造出來的，可以附在人身上。

3、神在每一時代設立先知

　　先知的線從亞當開始，包括聖經所記載的一些人，如娜亞、亞伯拉
罕、以實馬利、以撒、雅各 ...... 等，此外也包括了聖經沒有記載的阿拉
伯人及穆罕默德。耶穌在回教只是一個先知，穆罕默德才是最後最大的
先知。

4. 聖書

神賜給每一位先知一卷聖書，從亞當到穆罕默德共有先知 124,000 位。回教相信這許多聖書都已遺失，只有四卷得已保全就是摩西的律法書（Torah），給大衛的詩篇（Zabur），給耶穌的福音書（Injil），給穆罕默德的可蘭經（Quran）。穆氏相信每卷書都是預先存在（Pre-existent），到了時候賜下來給各位先知，回教徒今日仍相信此說。

5. 審判日

神要在〔災難日〕審判世人。善行多的男人將要享受樂園的賞賜，園中充滿美麗的花朵，果樹，溪流，酒河及黑眼睛的美女。惡行多的人，結局是火燒的地獄。

6. 神的命令

神決定一切，祂是一切（包括善惡）之源，隨己意領人走歧路或走正路，無人能抵拒祂的命令。

回教徒的職責：

1、念真經 - 遵守信條（Shabadah）

除了神之外沒有別神，穆罕默德只是祂的使者。如此承認而相信的就是回教徒，信了之後而改變的將被處死。

2、拜讀（Salat）

一個忠實的回教徒每天禱告五次：1 天亮之前、2 中午、3 下午、4 日落、5 睡前禱告。

3、捐獻（Zakat）

按照回教規章，回教徒必須捐贈收入的四十分之一給窮人或回教事工，此外並鼓勵自由捐獻（Sadaqat）。

4、齋戒－遵守三十天禁食（hari puasa）

　　每年陰曆齋戒月（Ramadan）舉行禁食，每年提早十一天。並不是完全禁食，而是每天從天亮到日落不吃東西，從日落到天亮可以隨意吃喝。齋戒月期間，應該研讀可蘭經，每夜研讀三十分之一。

5. 朝聖－聖地旅行（Hajj）

　　這是回教徒的責任，每一回教徒（有疾病或經濟困難者例外）一生至少一次到阿拉伯麥迦朝聖，繞行神之屋（Kaaba）七次，用石頭擊打魔鬼，在亞伯拉罕之所在（Station of Abraham）禱告，飲 Zamzam 的井水（紀念夏甲及以實瑪利）及其他。

6. 為神奮勇 － 聖戰（Jihad）

　　回教徒的整個使命是征服世界，不擇手段，戰爭、宣講、經濟誘惑或高壓。回教既然是正確的宗教，故每一回教徒都有責任使世上每一人信奉回教。

第四章
18 種價格法，讓你立於不敗之地

Never buy what you do not want, because it's cheap; it will be dear to you.

便宜買下一些根本不實用商品後果，形同敲竹槓，掉進錢坑裡，是得不償失的。

湯瑪士・傑弗遜

當 Nisan 日產汽車公司引進旗鑑車 Infinity 後，確有不少消費者在看完車商的廣告片後，就抱著二百五十萬元左右現金去訂購了。在這些準車主的心理都認為「Infinity 車價值 >>>> 價格」認為它絕對物超所值。

在這同時，筆者好友小吳也正好籌足了二百五十萬元現款。不過，他並沒有跟著別人去搶購那台新世代名車代步，而是將它全部投入房地產投資上，購買了一幢價值七百萬元的郊區別墅，做為自家夏季避暑之用。剩下的四百五十萬銀貸，計劃在二十年內還清它。

以這相同的二百五十萬元價格而言，在不同消費者心理，它的價值觀還是不盡相同。就像有些女孩子一有錢後，總會平均每月花上萬把塊去添購時髦服飾，而有些則寧可將該筆預算拿來跟會理財。

事實上無人生活當中，每天所提到的「學費」、「房租」、「利息」、「交通支出」、「通話費」、「過橋費」、「員工薪水」、「業務獎金」......等有關於計價名詞，其實就是行銷領域所談的 price pricing 價格或定價術語。

● 企業面與消費面，定價內容不相同

如果我們從企業面來看的話，價格底細為：

售價 ＝ 商品本來價值＋企業的印象分數＋服務態度＋管銷費用＋預計獲利額

如果我們再從消費者觀點看的話，價格又變成：

認知價格（值）＝ 心中認定商品的價值＋無形部分（服務水平、企業格調）＋商品專業度。

以一本定價為三百元的書為例，出版商定價可能就包括了：

1、書本印刷費 40 元
2、封面設計費 6,000 元
3、排版打字費 13,000 元
4、管銷費用 30 元
5、作家版稅 100,000 元
6、預計每本要賺 30 元 ...... 等情況

由於每家企業老闆對自己公司「評分」（指印象分數）不一，自然會把定價結果，直接反映在定價上。而當這本定為三百元的書，出現在連鎖書市平台位置時，也馬上會引來潛在消費者過來翻閱，盤算它，究竟值不值得購買。買者在掏腰包前，自然會對出版公司企業形象 image、服務水平以及印刷品質、封面設計等要素，逐一評估再付諸行動。

總而言之，從事企劃、行銷工作的讀者還是需記牢，任何一種定價策略 pricing policies 都是要考量到你的對手後，再作決定的。因為您的商品「市場壓力」，真實就是對手所暗中施壓給您的。

換句話說，如果在某一個「真空市場」（一個尚未有廠商介入的全新市場）裡，您的商品是獨一無二的 ，沒有人跟你一模一樣的。也沒有人與您是稍稍類似的，自然在定價策略上，您比較可以「隨心所欲」進行。如果情況不是如此，自然要對您的競爭對手策略，特別留意了。

出版業定價 比較自我為中心

　　然有些出版社公司在制定其新書定價時，是同業的，完全以自我為中心方式去定價。他們往往以單頁成本為基準去定價。如每一頁的定價在 0.80 ～ 1.20 元間。也就是書的定價將可能在頁數加多的同時，跟著攀高。若以單頁為 1.20 元基準時，該書頁數在 300 頁時就可能被定到 360 元了。

● 五個步驟 定出一個迷人價格

　　為了讓商品流通更順利，請依照底下所建議的五步驟先定出一個迷人價格：

一、定價目的？

　　表面上看來，商品定價的目的就是要讓企業賺到合理利潤，實則不一定。

　　有時候定價目的是希望擴大市場佔有率，有時候則希望得到多一些的投資報酬率。有時候則希望圍堵新的競爭品牌滲透地盤，暫且將盈虧擱一邊。而並不見得一定價後就是要會取多少利潤的。

二、上限／下限

　　您所能承受的最低價（也可能是低於成本的價格）是多少？

您敢承受的最高價又是多少（可能遭受批評 ... 等風險）？

◎您必須幫公司賣到多少數量，後可由平衡（不虧不賺）點起，開始獲利。

三、競爭定價策略？

在前文處，筆者已多次強調過，所有定價策略均有壓迫性、有競爭性的。對手如何定價會很直接影響到您在市場裡的發展，而您如何有效回應後，也會對他們產生莫大影響。

1、影顯價格策略的八項因子

①**價格的敏感度（價格彈性）**：百貨公司一打折，人潮立刻蜂擁而至是一例。

②**商品品質好與差**：如一極品總是比次極品價格來得高。

③**商品差異化**，明不明顯：已同樣包裝水為例，品牌間可以說幾乎無異，自然售價也無法明顯高出對手很多。

④**競爭者數目**：如果市場競爭者愈多，愈難卡出好價格，如茶飲料情況即是如此。

⑤**服務水平**：通常能提供較多服務項目商品著，其定價也會高一些。如日產 Nisan Infinity 車，甚至推出前所未有「百萬車保養服務」項目，特別提供車主在保養 Infinity 車時，公司另派百萬級名車讓其暫時代步，即是一例。

⑥**商圈位置**：通常都市裡商品售價，總會比鄉村地區要來得高些。而以

同樣一項化裝品為例，在台北市百貨公司售價與台南市百貨公司，還是有差異的。

⑦**購買族群**：有時候偏高的售價反而會更吸引超級富翁前來購買。但也有時候偏底（或離譜的低價）售價也會嚇走受薪階級。

⑧**行銷目標**：您只是想先成功打開市場，立於不敗之地呢？還是只想維持一定利潤？不同目標下，售價策略都是不一樣的。

2、損益平衡點 Break Even Point 解讀那些細目呢？

簡單說起來，B.E.P. 就是幫您計算出，商品在那一個販賣金額時達到平衡點，剛好使**總收入 = 總成本支出**。

3、B.E.P. 如何計算出來？

第一步先算出固定成本 fixed exp. 是多少，固定成本包括了：

- ‧廣告宣傳費
- ‧廠房
- ‧辦公室租金
- ‧員工薪水
- ‧保險費
- ‧貸款利息
- ‧廠房
- ‧機器折舊
- ‧授權費
- ‧機器維修清潔費 … 等

固定費用是不論企業營運數字高低，必須固定支出的。

而**變動費用**則會隨營運數字高低變化，有所不同，像是：

- 業務獎金（賣出越多，必須支付更多佣金給業務員或中盤商）
- 運費
- 加班費
- 壞帳費
- 差旅費 ... 等
- 另外像 mixed exp. 雜費（半變動、半固定）中的郵資、電話費 ...... 等

有時候它是固定，有時候又是會隨著銷售情況而跟著變化，也需考量記入。

變動成本（費用）＋ 固定成本（費用）＝　固定費用

損益平衡收入　＝

B.E.P.　銷貨類 － 變動成本

四、考量成本？

即使電子恐龍商品成本在 80 元一支，您總不可能將售價定在 70 元或更低吧！（除非真的必須削價求現時），在制定價格時，當然須將所有成本都考量進去。像是：

- 製造成本
- 推廣成本
- 庫存成本 ... 等

而 inventory costs 考量也最為一般企業所忽略。庫存成本通常會逐

年增加。每堆放庫存一年，其所衍生累贅成本將增為一倍。比方公司裡已積壓了五千萬庫存，那麼一年後等於公司已虧損至少一億元，再積壓兩年後形同虧損三億元。

五、如何讓策略更具彈性？更 Q 呢？

1、心理定價策略

①聲望定價法

以抓客戶心理特性為主的聲望定價者，習以「貴就是好」行銷技巧來向消費者靠攏。像最近某房地產公司所推出的一億三千萬天價別墅，或是一球八十元的冰淇淋、一雙價值四千餘元的運動鞋，都是典型 prestige pricing 聲望定價策略。

可惜國內仍有不少業者在制定其商品售價時，擺明著「明偷暗搶」，定出令人咋舌假性聲望價，在在地坑人，也危害者整個社會。

②基數定價法

此法最主要特徵是，在商品售價的最後（右）一位數字是基數。如每雙拖鞋賣 NT ＄49 元、或一支「光能表」賣 NT ＄11,999 元。

基數定價法往往會造成賣場店員困擾，尤其在找錢給客戶時比較麻煩些。在不景氣裡，這種定價法究竟是否一定會迎合消費者，引發他們興趣購買，從國外種種消費心理研究中，則還未獲得證實。

2、商品生命循環定價策略

③ PLC 定價法

通常一項商品在歷經不同的生命循環週期 life cycle，它的價格策略還是會有所不同的。在 PLC 定價法中有兩項戰術是要特別提出來的。

④滲透 penetration

此法特徵在於廠商為求迅佔市場一偶，遂以偏底售價急速搶攻。有時候在切入市場時機，甚至還以低魚製造成本的價格去威脅其他對手，像日本豐田車在搶攻美國市場時，即多次成功以「滲透法」登陸，令美國車夜頭痛不已。

國內的瑞聯航空公司也曾以「1 元策略」訴求，對外宣傳一張機票只賣一塊錢。只花台幣一塊錢，就可以從台北飛抵高雄，而迅速打開了該公司知名度。

當然任何企業在考慮以類似手法進入市場時，須特別留意它的「後遺症」。

萬一祭出這張牌能無法匯集買氣；或雖匯集了人氣，但利潤呈現長期負成長，時您的企業可以忍受得了嗎？如果企業承受度完全是一個未知數，那麼低價滲透法還是應避免使用較佳。

⑤吸脂 skimming

吸脂法顧名思義，就好像是在層層牛油中，吸掉表面那層油脂是一樣的。

當年美國寶麗來相機 Polaroid 在推廣「Land 大地」系列商品時，就是運用了這樣子策略。

這台「大地」（機型名）原本是走高價位進入市場的。可是在正式進入市場後，公司卻又發現高價位市場早就飽和了，那還有寶麗來生存空間。於是公司當局立刻決定自貶身價，首先將定價往下拉，然後迅速

在此機型的後續研發上，動了點創意，讓它擁有更豐富機能。售價降了，機能更豐富的「新大地」相機，終於成功找回它的第二春。

◎不同商品生命週期下，應有不同的定價法

導入期（介紹期）

1. 可試行 premium pricing 高價位技巧
2. 可試行 competive pricing 盯緊對手價位技巧
3. 可試行 follow leader pricing 追隨、跟進領導品牌技巧
4. 可試行 skimming pricing 吸脂技巧
5. 可試行 penetrating pricing 滲透技巧

成長期

1. 可試行領導價格技巧
2. 可試行高價技巧

成熟期

1. 可試行穩定價格技巧
2. 可試行偏低技巧
3. 可試行鞏固市場佔有率技巧

衰退期

1. 可試行較低價技巧
2. 可試行盯緊敵對品牌技巧

3、復合（互補）式定價策略

這種 complementary pricing 強調套裝（package）式銷售。比方，

廠商愛將牙刷與牙膏聯合起來促銷，或把香水與精油合著賣。或像相機製造公司拿自家生產的底片作聯合特賣等等皆屬之。

通常這種套裝定價（只兩種幾乎是同質的商品）都會比各別的售價之和，要來得優惠一些，好吸引更多消費者上門。

4、全商品線式定價策略

從某個角度來，當企業成功建立一個品牌後，就可滿順利推出帶狀商品去推廣。比方在「高露潔」品牌上，業者就除了可推出牙膏、牙刷、毛巾之外，更可以考慮推出碗盤清潔劑或鞋油等 full line 帶狀（全線）商品線。

但再從另個角度來看的話，full line pricing 仍須考慮到這帶狀上的不同消費族群購買力。

以美國的「Kmart 凱瑪特」連鎖超市為例，一般消費者總會對它存有低價認知。但她們如果真正在推一些義大利高級服飾、法國時裝時仍不忘標出高價條碼來宣傳促銷。簡而言之，雖然同樣賣的都是「Kmart」品牌形象，但整條商品線上商品售價還是有很大差別（等級）的。

5、社會（慈善）式定價策略

像本地「捐血協會」、「兒童燙傷基金會」…等慈善機構在對外募款時，並沒有定出所謂的「公定價」或「最低消費額」。而是完全仰仗有心人的心意，或財力捐贈。由於這種社會式 social pricing 比較不側重利潤關係，一般企業界是不會想到依樣畫葫蘆去「套招」的。

6、價值認知式定價策略

　　value pricing 式定價，悉由行銷人員去認定公司商品在消費者心中，它可能產生的價值多少。反倒未將所謂的成本因素考量進去。而整個定價關鍵點在於「使用了之後，有那些利益」。

　　日本車雖曾在首度搶灘美國大陸時，以低價滲透成功，但在第二波、第三波後陸續新車進口後，又開始以「更高品質、更高價位」策略，重新切割市場。由於日本車朝品質第一努力獲得成功後，自然也貸給美國消費者「雖貴了些，但品質一定會更好」新形象，終於有辦法在美國立足生根了。

◎『我的定價是比對手高好呢？還是比它低有力？』

如果以下條件夠，您可以定得比對手高：

　1. 整個市場不會因價格變動後，明顯跟著產生變化。

　2. 市場中、盡是存在一些成長穩定的企業。

　3. 貴公司形象不錯，有助於價格認知提高。

　4. 包裝比別人特殊（符合環保要求）、品牌名比對手有意境或自信，CM 表現有絕對優勢勝過對手。

如果可能出現以下狀況，您的定價不妨低調處理：

　1. 整個市場對於價格變動、非常敏感。

　2. 您正想踏入全新市場時。

　3. 企圖引爆低價格戰火，而公司又能撐上一段頗長的年利潤期不至陣亡時。

4. 原物料採購或媒體購買時，確已拿下比別人更優勢價格時。

5. 推出副品牌來防堵競爭者拓張版圖時。

● 八種常見的「心驚肉跳」售價

有時候一件商品賣得好不好，跟它的售價有滿大關係。像豐田車系中的 Tercel 在一上市時，價位就「卡」得非常漂亮，既令喜美車恨得心裡癢癢的，又讓福特車也難過得搥胸不已。Tercel 車一上市即形成叫好又叫座主因中，售價卡得適得其所策略。確功不可沒。

＊商品價格愈透明，愈討客戶喜悅。

事實上平常我們在街上所看到海報廣告也好，或家電量飯店裡的標示卡，或報上、電視上所觸即的「價格告知」訊息也好，都會有其固定助銷效果。

印象中，除了前一陣子所流行的「一元買機票」，「加一元，帶兩個回去」...等「一元促銷」方法係真的優惠消費者外，底下所陳述的商家定價密法，卻常易教人踏入陷阱，被商家「猛 K」錢包而懊惱不已：

一、自助價

從字義上看來，它很明顯在提醒買爺買了這個商品之後，你必須自己負責搬回去。表面上看來這樣做法似乎還符合「公平交易原則」但細思後會發現，吸塵器、淨水器或電子鍋這類體積小重量輕商品，消費者都可如願帶回去。但自助價若標示在冰箱、冷氣、大彩視商品上，是否有蒙騙作用在裡邊？它的另層涵義又為何呢？

這些大家電有誰扛得走？自己請搬運工來搬也要 800 ～ 1000 元的。如果在找量飯店送貨幫忙的話，你還得另負 500 ～ 800 元不等運費。這算哪門自助價？很明顯是「弔胃口」做法嘛！以低價誘人上鉤，再「還原」自己想多得利益做法，確有不少欺騙成分在裡邊。

二、現金價

或許你會覺得沒錯阿！買東西誰不是要付現的。而問題也正在此，如果你走進一家店門口貼滿各種信用卡國際組織符記的商家去 shopping 時，要拿出卡片刷時，馬上會被店員已冷颯颯口氣說：「sorry，這是要付現的，如果你要刷卡，還要再另加 5% …」天哪！那門口上的 VISA、MASTER、DINER… 塑膠貼紙不都等於白貼了嗎？

三、半價

按字義上說，半價應該是原來價格的一半才對。但很多卻假半價之名去吸引消費者上門。像過去不少電影院門口都貼示著「全票 200 元、半票 160 元」這樣假半票價格告示。此外，像坊間不少服飾店也喜以此法來誘人上鉤。

四、未稅價

如果平常較易接觸到稅法或作帳、填出貨單 ... 等工作範圍者，理所當然會對它比較熟悉，一般人恐怕還是霧煞煞，不知其中底細。

「未稅價」其實就意味著：「我要漏稅」！如果買爺想拿發票回去對獎或要跟公司報帳，商家也會跟著你多要 5％稅金。如果該商家門口未貼有「免使用統一發票」標誌，顯然還是有漏稅之疑。

五、量販價

通常會出現這類字眼者不可能是量飯店內人員所撰，敢如此用字者，反而以一般商家居多。所謂「量販價 100 元」可能指你一次要買多少打或一次同時買幾盒回去，店家才會優惠給你的價格。但是，這些「細節」，他們通常不會出現在標示牌上，通常出現在你要買單，而偏偏錢包剛好只剩幾十元的時候。

六、可議價

哇啊～，這個字眼確實迷人，只要客戶喜歡，一切好談。只要對方有意，價格可再議。事實上呢？

我就曾經在某大鐘錶連鎖店裡撞見這樣可怕例子。這位天才女店員竟如此發問（劈頭就問：「先生你愛這錶，你出個價我們看看，可以我們就賣 ... ！」）。

可怕～可怕～這只世界名錶竟然沒有標價，而店員也如此撒網誘消

費者上鉤。我一聽完她的誘敵價，二話不說趕緊走人。再耗下去的話，荷包不扁一半才奇怪呢！

七、真／假不二價

在國內確實很多商家推行 one price 不二價運動滿徹底的。不過有些商家卻愛躲在它的夾縫中求生存。也就是說，商品清楚標示著不二價，然而在買爺凝視該商品時，店員馬上上場演出很多「假動作」，佯裝她請示過老闆，老闆認為你「有緣」，所以破例 special 給你。Oh，原來不二價也有假的！

八、死豬價

會標示此類型逗趣優惠牌者，其主事者多半幽默風趣。或可從其穿相、說話神情看出端倪。不過話說回來，「死豬價」仍不代表它是商家底限（很多人以為死豬價就如同陣亡的豬般，無甚可議）。

如果有可能的話，您不妨再設法「剝」它幾層皮下來吧！

面對這八種令人愛恨交加的商家定價法，你如何來個 smart 回應，實有勞你的「shopping 智商」和 EQ 如何精確拿捏了。

第五章
先試水溫，十二個影片行銷大賣訣竅

一支 30 秒或 90 秒動態影片吸睛效果，絕對超過單張靜態照片好幾百倍，因為影片裡有漫妙聲音加上動態或特效轉場畫面，還有扣人心弦文案等等，都是讓影片輕易地直搗消費者心坎原因。

　　知名公司可以靠著雄厚財力，拍出數千萬元廣告影片，然而一般小資公司如果影片腳本創意很驚人，即使它用的只是低階單眼數位相機拍攝，同樣可能在上傳社群媒體（Twitter、Facebook、Instagram、You Tube）後，一夕之間爆紅，傳為話題。讓點閱次數達到 500 萬，甚破千萬次以上。

　　然而能否小兵立大功，以一點點預算，就讓商品演出大賣；關鍵點在於以下十二個訣竅：

一、抓牢需求

　　想要讓一支影片達到助銷效果，大前提是必須先精準針對你的族群真正需要訴求。更須了解他們內心與外在需求是甚麼。比方你賣的是一台商用筆電，如果拼命訴求你是全國最低價，往往廣告打到爛，也無法產生預期效果，固然價格是消費者考慮因素之一，但並非全部的消費者因你祭出低價他們就賞臉買單。

　　他們內在需求是渴望透過交友 App 找到真愛順利踏上紅地毯，成家立業？還是希望藉由電腦的運算效率快速，讓公司簡報提案更快交差，因而贏得升官加薪機會 ......；簡而言之，內在需要沒有表白出來，行銷效果會減弱許多。

二、短翹才美

　　影片行銷時，應避免用冗長文字或是放入過多旁白。站在投資者立

場總是想，放入文字多，旁白多，會把商品或服務內容講得非常詳細。但現代人都是非常忙碌，少有人會去從頭到尾，張大耳朵仔細聽、仔細看，而且內容多以後，根本難記住真正重點所在。

可惜的是，碎碎念無厘頭式樣 VIDEO 卻彼彼可見。

三、聽音辨識

你要用甚麼樣聲音做為自己品牌識別 Voice branding？用北極熊尋偶的聲音？還是用智商高的海豚特殊嗓音，還是嬰兒哭聲作為品牌識別呢？這道理很簡單，當你聽到電視機傳出由黑人歌手 Louis Armstrong 路易斯阿姆斯壯，以粗曠中帶著幾許磁性滄桑唱腔詮釋 What a wonderful world 樂曲時，你馬上會聯想起它正是豐田汽車，根本不需要你再回頭看是哪家公司的宣傳配樂。

可惜是，後來有數家公司卻同樣使用該樂曲當背景音樂，很自然地，聲音辨識效果也跟著消失。

四、標題超讚

影片行銷基本精神跟傳統行銷裡報章雜誌下標題類似，也是需要大創意去架構，才會有吸睛效果。影片一開鏡標題如果不夠吸引人，即使片子拍得美輪美奐，也可能前功盡棄。

比方公益廣告以 #Prayforwallet（為你的錢包禱告）做 Landing Pages 主題標籤，提醒大眾搭乘捷運時要嚴防扒手，會比 #watchoutstranger（嚴防近身的陌生人）題標來的吸引人。

五、教育不倦

尤其是高科技商品或關聯複雜的物聯網或 App 行銷；因為你已涉入很多時間與經費研發，這期間可能長達 3 年或更久，對你而言，商品就像你自己親生的小孩，當然沒人比你更了解它。但消費者可不同了，他們不可能在極短 30 秒完全了解商品重點，亦即除影片行銷策略之外，你還必須有其他工具輔助。像臉書或推特或 Instagram 都是很有效果的露出平台。必須全面推展，才容易成功。

六、特殊賣點

無論你將腳本故事拍攝如何生動，如果影片看不出商品特殊點，就無法牽引購買。

如果以 399 吃到飽為題，來宣傳自家餐廳食材新鮮，貨真價實，裝潢高檔 ......etc. 還不如改 "**如果喝醉酒，餐廳會派遣員工開車送妳回家，以免回家路上發生意外。**" 這樣訴求來的更有吸引力。

七、必須回饋

在拍攝前，須針對既有客戶做小調查，了解他們是如何關愛你的商品；還有消費群在採取購買行動同時，他們最關心的點是甚麼？你懂得回饋，消費者也容易因此投懷送抱。

八、馬上回 call

片尾的馬上 call，馬上行動字幕或旁白，看來似乎多此一舉，其實它才是最重要臨門一腳功夫，能有效促成實際購買行動。當然最好用 0800 電話，效果會比手機 10 個號碼或市話要來的好。電話號碼出現時間秒數最少須 4 秒鐘，避免將數字排的緊密，反而變得不容易辨識。

九、證言現身

比方以用過前跟用過後，實際感受差異忠實地描寫在影片中，就是最佳宣傳；看似手法平凡，卻也能發揮一定效果，如果找實際過來人（確實體驗過商品）現身說法，將更具感動力；不致於出現隔靴搔癢遺憾，甚至造成消費者反感。

其實明眼人都知道，那些代言人是否真的使用過商品，還是沒有，看他演出表情是否與商品是否已經合為一體，就不難知道。

十、網址清晰

如果你影片拍很好，消費者也動心，那麼無疑地能讓大眾循著你的網站導引瀏覽，更有加分效果。將公司網址放入影片時，字體級數大些都無妨，並不是所有消費者電腦或筆電顯示卡都是全新的，並不是所有觀賞影片者的視力都是 1.2 以上。

十一、網紅思量

如果公司賣的是年輕族群色彩化粧品，或面膜，顯然找網紅或網美代言有其助銷效果，如果是特殊精華液或醫美級保養品就不一定了，因為商品屬性跟網紅網美個性之間是否和諧？有密切關係。如果不和諧還拼命宣傳，就不容易達到目標。

考量聘請網紅網美之前，最好能對其品行道德有全盤了解。才不至於代言後，被發現他們有信用不良紀錄，或性醜聞，甚至官司纏身等不名譽事件，而間接影響到代言效果。

十二、系列播放

如果想光靠一兩隻影片就要一夕之間暴紅、暴富，那是非常愚昧的。影片本身除了需要絕佳創意來詮釋之外，還需要一系列連續多波出擊（系列性廣告），才能攻下消費者的心。

影片行銷要成功，通常是不需花很多錢，重點是創意須拿捏得當，找對社群平台曝光，如果前述重點都抓住了，即使小資影片行銷，也往往也能締造出驚人的購買行動的。

如果寄望三兩支影片曝光就想一夕間爆紅，這形同陶醉在白日夢裡。結局容易讓你大失所望，畢竟一個令人推崇的品牌，其形象是日積月累得來的，不是嗎？

第六章
搶灘社群媒體個案解析

失敗個案、一

多芬 Dove，轉化崩潰

多芬長年以來品牌形象非常優美，品質亦深受世界各國女性喜愛。該公司所打造『**真實美麗平台**』也頻頻以精湛創意來強化企業形象，並廣獲好評。

不過這回他們在臉書的發文，卻頗令廣告界專家跌破眼鏡，因為宣傳技巧呈現不進反退（步）怪現象。也因宣傳出去後，引發美國黑人極端不滿，認為完全被醜化，決心將和多芬公司提出嚴重抗議。

多芬乳液在社群媒體上出現類似四格漫畫（其實是真人拍照）有趣畫面，圖片左上方看到一位女黑人正準備拉起身上穿的咖啡色上衣，在她身邊可看到一瓶白色多芬乳液，右邊畫面她繼續往脖子上脫，左下畫面呈現他繼續往上拉，衣服幾乎蓋住臉部。右側所看到的是，當她整個脫掉上衣後，讀者看到的女人臉部跟雙手似乎漂白過，原本的黑人就這樣變白人了，這到底是怎麼回事？

其實多芬乳液所要表達意念很單純，任何人用了這商品後，黑色素黑斑全都憑空消失。滿遺憾，負責策畫此 campaign 的白人，完全無法體會黑人打從心裡就有一種被白人侮辱感覺。再者，拿黑人與白人相比較，明顯是在跟人種歧視議題挑戰，自然更容易因此引發軒然大波。

雖然多芬公司當局事後也公開道歉了，但是這個慘痛教訓同樣也給我們一個逆向思維，想成功引爆話題之前，所有環節都必須逐一查核，才不至於出現百密一疏，全盤皆輸嚴重後果。

失敗個案、二

紐約時報 New York Times：蛇人惹禍

鼎鼎大名的美國紐約時報，同樣也曾因編輯員疏忽，在運用社群媒體策略時，犯了嚴重『**用詞失當**』錯誤，引起美國人民憤怒群起撻伐。

事情是這樣的，該報社編輯部將美國川普總統一段話內容"打從之前布希總統執政到目前為止，我們境內的工廠就有 55,000 家關門大吉，而因此失業的勞工數也破 6 百萬，貿易赤字高達 12 兆美元，光是去年也有 8,000 億美元赤字，這麼糟糕的景象在在證明了歷年來執政者政策昏庸無能 ... 我們必須記取教訓，大家都要力爭上游"。

以"美國總統川普先生誇大誤導貿易真相"PO 上推特社群媒體內容一公開後，竟然引起軒然大波，因為報社編輯部在內容裡，竟然將千囍世代一詞，改為 snake people 蛇人，讓很多人弄不清楚報社到底要表達出甚麼理念，引起與論大肆批判。認為有辱當今全部 Y 世代。

由於出現這樣失當比喻，即使事後報社當局跟編輯部很快在推特社群媒體公開致歉，不過整個企業形象受損，是無法估計的。

＊註：千囍世代其實指的就是當今 Y 世代，他們不買房也不買車，善用網路表情 emojis 簡訊來跟朋友連絡，他們愛參加信箱裡收到電子傳單音樂會，他們很有自己主見，大多數仍然背負著就學貸款或信用不良債務，有休閒時間的話，會外出找朋友，不過對於生涯規畫似乎興趣缺缺。

失敗個案、三

星巴克金髮女郎義式咖啡

以高價高品質空間寬敞舒適為訴求，星巴克咖啡連鎖店也曾一時疏忽，推出社群媒體攻勢時挫敗下來。『驕兵必敗』，在媒體上他們這麼宣傳著：

"星巴克隆重推出新品項「金髮女郎義式 Espresso」，誰說義大利 espresso 咖啡一定得濃郁強烈才順口好喝？我們公司展店至今都超過 43 年頭了，我們敢說我們專業度是全球首屈一指的，正因為我們夠專業，所以我們的金髮女郎 espresso 咖啡製作方法，不想跟傳統 espresso 一樣，不會有強烈濃郁口感。"

這宣傳攻勢展開後，很多咖啡愛好者並不認同星巴克如此驕傲的說詞，這道理很像拿必須常常上發條傳統機械表跟石英電池計時表作比較；怎能斷言傳統純機械式手表一定比先進石英表還遜色；只能說傳統經典的義式 espresso 本來就是濃郁強烈的，想否定它的存在價值，根本是無稽之談。

也由於星巴克過於驕傲說詞，使得甚多咖啡愛好者出現認知不和諧結果，使得是項搶灘活動受阻。

```
INTRODUCING
STARBUCKS® BLONDE ESPRESSO

Who says espresso has to be intense?
We have for 43 years.
But we're Starbucks Coffee Company.
So we did the exact opposite.
```

＊ starbucks 過分驕傲宣示內容，曾引起
　 與論撻伐。

成功個案、一

摩茲白板　星期五勝利

　　由於白黑板的問世，使得學堂裡老師跟大學教授都能免於粉筆灰的健康威脅。發明人真是功德無量。Moz 摩茲白黑板公司所推出的摩茲白板星期五活動，成功立下了社群媒體活動典範。

　　這項活動成功關鍵在哪呢？

　　該公司自 2009 年以來，只要一到禮拜五，就會推出新的內容行銷，來宣傳自家公司形象，強化商品賣點，在推出新的活動之前，公司社群媒體專案成員首先都會先聚集一塊兒，以腦力激盪方式，將要推出活動概念跟具體作法，直接就寫在公司商品一大塊白板上頭。會議完畢之後再將過程跟內容完整 PO 上網宣傳，雖然 10 多年來內容不盡相同，不過每個星期五出現在社群媒體上的大道具還是那塊大白板上手寫會議內容真跡，像圖上顯示網頁速度優化具體做法，跟可利用相關資訊來源等，都被專案小組人員以白板筆清楚寫在白板上，相當受到消費者肯定。也因此創造了 68,000 訂閱人數佳績。

　　摩茲白版星期五戰役，聰明利用自家商品，結合一致性（10 多年來堅持使用大白板與手寫內容行銷，完美烙印其優良企業形象）訴求。自始至終堅持一致性，這就是摩茲公司成功訣竅。

成功個案、二

悟美寬頻網路 Oculus Rift 活動 夠帥氣

UMEÅ ENERGI

悟美網站 Ume.net 的光纖超寬頻網路服務風評，在業界早就受到肯定。因為他們所提供超快寬頻網路已經擁有無數的死忠客戶。

通常寬頻網路業者都是以"老王賣瓜，自賣自誇"手法來宣傳自己的速度有多快，必能滿足電競族期待。唯獨悟美網站 Ume.net 完全跳開如是宣傳框架，並不拼命自誇自己速度有多快，反而選擇了 YouTube 頻道、歐述魯斯 Oculus Rift 虛擬實境頭盔、VR 3D 眼鏡硬體這兩者，聯合出擊。由於傑出創意表現，在社群攻略上，交出漂亮成績單。

從他們導入『生活中不再卡卡 Living with lag』社群活動中發現，他們巧妙將家庭生活與休閒活動兩者帶入影片，讓觀眾一下子就明瞭到底 Ume.net 的寬頻網路有多好。

影片中首先看到一個頭戴歐述魯斯 Oculus Rift 虛擬實境頭盔、VR 3D 眼鏡選手，正聚精會神跟另一位沒帶 3D 眼鏡者對打桌球。比賽開始，桌球越過中間網，進入帶 3D 眼鏡者桌面後，他竟然完全打不到，而且球跑到那裡他也找不到。（因為頻寬不

＊社群活動爆紅第一要件是，你的構想必須有石破天驚之勢。

116

快關係，眼鏡會產生卡卡現象）當眼鏡再度調為二級 delay 模式，就會產生有 3 秒 lag；影片中的女舞蹈學員戴上 3D 眼鏡後，完全無法跟上其他學員整齊劃一的節拍，整個景象讓人覺得十分尷尬；就連原本是保齡球好手戴上 3D 眼鏡後，再也無法準確演出全倒。

最後字幕出現了 **"既然在線下 Offline 都不想要有 lag 令人不悅感覺，那在線上 Online 玩遊戲或瀏覽時，還要忍受龜速的假寬頻網路？現在就入主 1000M/S 高速光纖寬頻網路吧！"**
由於企劃人員別出心裁，巧妙搭配最先進科技虛擬實境頭盔、VR 3D 眼鏡，更加強了活動滲透力， 進而創造了 620 萬點閱次不凡的紀錄。

如果該公司沒有逆向思維，反而跟同業一樣落入殺價求生，或拼命強調自己多快，或許結局就更令人擔憂了。

成功個案、三
Wpromote's 品特斯 活動

以 『**think like a challenger 思緒就像一位勇敢的挑戰者**』為企業口號的網站促銷公司 Wpromote，原本提供客戶優質網站設計、社群媒體運用、與搜尋引擎優化、亞馬遜網站行銷、內容行銷等等多元化服務為宗旨。並擁有知名客戶像是珍妮光學 Zenni Optical、三星 samsung、水

星保險公司 mercury ins、Adobe 軟體公司與永久 21 Forever 21 等等。

　　公司當局為了開源節流，希望能以更少社群行銷預算支出又能帶來更好效益遂特別選擇品特司特 Pinterest（一個超大型影像影片資料庫）作為社群活動平台。展開他們的戰略跟戰術。推出後很多客戶陸續在 Pinterest 做分享。

　　活動暫告一段落後，公司做效果調查發現：客戶群像一些公益團體科技業與展覽會規劃公司 ... 等因在 Pinterest 分享結果，每次完成行動成本都至少節省 40%到 70%不等，算是相當成功的活動。

成功個案、四

馬也思科 愛心遍及歐洲

　　當你看到 Maersk 這個 logo 時，會讓你聯想到她是貨櫃公司呢？還是一家專門運送營養豐富的酪梨到海外的航運公司呢？公司當局為了讓一般民眾跟員工確實知道公司到底在做哪些服務，特別製作一支影片來傳達正確訊息。

影片內容大約是這樣的，場景一：在肯亞某處人家一位父親坐在床上，旁邊躺著正是他睡得很甜小孩，老父親緊握男童的手，一邊回憶著自己以前的手也是像小孩一樣的柔細，現在因為果園工作關係，雙手變得又粗又黑。場景二：在酪梨果園裡，有很多年輕工人很辛苦將酪梨摘下，經過整理清潔後交由 Maersk 公司貨櫃輸出到歐美與俄羅斯等國家；然後影片進入核心，強調因為果園得以豐收讓很多家庭收入跟著改善，他們小孩都可以順利到學校就讀甚至出國留學，Maersk 公司還驕傲地說，每年輸出酪梨數超過一億（約 1,000 貨櫃量），經由海運只需 25 天就能運達歐洲，40 天可運達俄羅斯。

影片推出後締造亮眼成績，總共產生 172,000 次互動，臉書按讚次數也破 70 萬次，其實成功歸結於公司將自己成長過程，以真實故事方式呈現在觀眾面前，產生共鳴。如果以同樣企業成長用嚴肅說理來詮釋，或許共鳴度就沒那麼高了。

成功個案、五
思科 Cisco's 虛擬游擊戰

有軟體、系統業一哥美譽的美國思科公司，曾以精湛的社群媒體攻勢，創下了約 170 萬臉書跟隨者，與至少 70 萬位推特跟隨者記錄。更令人嘖嘖稱奇還有，整個 campaign 實際花費又比以往類似行銷支出省下至

少10萬美元,這麼亮眼成就背後,美國思科公司究竟用甚麼樣創意手法,完成幾乎是不可能的任務?

公司要導入新商品 ASR 路由器時,首先建造一個大型螢幕顯示器,現場有椅子給觀眾觀賞,還擺了很多棕梠樹做陪襯,整體設計充滿未來感。之後公司針對線上網路工程師,邀請他們參與遊戲互動競賽。為了讓活動達到高潮,公司也同時邀請八個樂團作連續7小時接力音樂表演,來炒熱話題。

參賽網路工程師們或新聞採訪人員,都可以經由一台虛擬路由器瀏覽或直接參賽。整個活動推出後,效果完全出乎公司預料之外,戰果如下:

1、共9,000人參與他們新商品路由器社群活動,是項人數約為以往類似活動90倍之多。

2、節省42,000桶加侖汽油。

3、媒體大幅報導次數比以往多出兩倍。

4、部落格PO文1,000篇,線上網路廣告曝光數達4,000萬之多。

5、獲得權威機構評為最有創意campaign。

6、整個活動經費比以往省下六分之五。

估計超過有20,000位網路工程師參賽玩3D遊戲,同時從遊戲當中明瞭一台優質的路由器如何完整保護網路安全。公司當局也做效果調查發現:至少有20% IT專業人員,每天都會進去玩遊戲,希望能奪下最高分,好贏得公司所提供的1萬美元大獎。

　　思科公司捨棄傳統推廣模式，不安排高階主管接受電視節目專訪；也沒運用傳統印刷媒體爭取曝光，也沒以電子郵件攻勢，傳達活動相關訊息；思科公司借力（借助遊戲競賽）使力的思維，你了解他的用心嗎？

成功個案、六

塔口貝爾（塔可鐘）Taco Bell's 綠勁爆紅

　　以專賣墨西哥美食名聞世界的塔口貝爾（塔可鐘）也曾發揮令人拍案叫絕的社群媒體創意 Campaign，創造驚人銷售量。當時他們並沒採用 YouTube、臉書平台或 linechat，反而是以司涅普 Snapchat 聊天軟體當橋頭堡，去攻堅市場。

　　提起 Taco Bell's 創意，的確相當搞笑。他鼓勵大眾利用 Snapchat 軟體的特有濾鏡功能，將自己臉孔，搭上這種既大又呈半圓形墨西哥美食，透過 Snapchat 獨特的濾鏡修飾後，將搞笑照片轉傳並分享群組好友。

　　我們從圖片上看到類似後製（after effect）效果照片，臉的輪廓完全被大塊的美食餅給遮蓋了。只剩下兩個小眼跟一張小嘴巴。觀眾看到的倒有些像是饅頭人風格照片又像忍者，原本好看的五官瞬間變成了大餅人，趣味感十足，也引來好多消費者跟進模仿這好笑變臉遊戲與分享。

　　保守估計，整個活動創下了 2.24 億次點閱數，公司緊接著又要推出另一種搞笑 Campaign，究竟會推出甚麼戲碼，我們就拭目以待吧！

　　（可能主角換成家中貓、狗寵物與它作趣味連結吧！）

成功個案、七

Coca-Cola's 分享麻吉 創意稱霸

飲料界巨人可口可樂其優良形象與實際驚人銷售量有目共睹,為了再深耕更年輕世代,他們構思了分享一瓶可口可樂活動。

在廣告作品上我們看到一字排開 8 瓶色彩鮮豔可口可樂瓶,表面上看來瓶身標籤千篇一律是紅底白色反白字,但你再仔細看會發現,瓶標分別寫著給爸爸給媽媽給朋友 …… 等等。並在推特社群媒體中以 share coke (#ShareaCoke hashtag)作為 Landing Page 登陸頁面主題標籤宣傳。

如果你願意,可口可樂公司也會為你量身打造朋友的名字(將朋友名字直接印在瓶身上),這活動推出前後達 10 年之久,而且熱潮從未退,原本公司只針對澳洲約 2,300 萬人訴求,銷售破兩億五千萬罐(瓶)大成功。爾後可口可樂公司陸續將此創意複製再複製。

成功個案、八

幫寶適 Pampers' 活動,將母愛精神發揮淋漓盡致

幫寶適 Pampers' 推出為幼兒過更好生活社群活動主要兩個宗旨，一個是傳播其品牌知名度，另一個則是以實際行動來幫助一些低收入戶家庭有小 baby。整個活動鎖定一些特殊家庭生活困難或家中寶貝特殊兒童。

影片中出現一位患有囊腫性纖維化的 baby 在臥室裡，被媽媽抱在懷中。媽媽邊搖著他睡，一邊哼著搖籃曲，輕聲細語對 baby 說：**"我的 baby 你不要再哭了好嗎？媽媽聽了哭聲很心疼，今晚爸爸加班無法陪你，希望你快快長大，能夠有傑出成就。"**

畫面中觀眾看到極溫馨感人畫面，目睹母親為照顧特殊疾病嬰兒，其心力交瘁程度可想而知。整個影片讓觀眾有高度共鳴跟震撼，在 YouTube 頻道上，締造了 1,800 萬次相當高的點閱紀錄。

成功個案、九

M&M's 讓你看到紅鼻子的一天多偉大

「紅鼻子的一天」是一個公益性組織。Red Nose Day Fund 主要是幫助貧困兒童他們曾和 M&M's 巧克力共同推出一項名為 #MakeMLaugh 讓我開懷笑的活動。

活動辦法很簡單，由 M&M's 向他們粉絲利用主題標籤發起 #MakeMLaugh hashtag. 活動，要所有粉絲將自己認為夠好笑故事 PO 上社群媒體，每一次 PO 文紅色鼻子的一天就能從 M&M's 公司獲得一美元捐贈。

活動推出約在聖誕節之前，紅鼻子的一天基

金會有辦法經由 M&M's 巧克力聯合勸募募到資金，並創造了一億 7 千萬瀏覽次數，估計至少有 3 百萬參與這項有意義的活動，同時也讓紅鼻子一天捐獻出 125 萬美元，活動結束後，公司做了效果調查發現，超標 115%有 47%參賽者是受到朋友推薦參加。

第七章
9 個 YouTuber 部隊攻堅市場方法

第一步：設定目標

跨出第一步，就要先將目標設定好，然後照表操課，有了目標輪廓，就不至於發生亂槍打鳥情形。對於進度掌控也會更有效。剛開始時你可以先設定成功找到 5 個 YouTuber 或網紅人物，來一起合作推廣商品。緊接著再三個月後，另外達成 10 個或更多。

第二步：編列經費

假如你編列出 10 萬元預算來執行這計畫，那麼你就會有多種方案可選擇。比如方案一：每位網紅或 YouTuber 你支付兩萬元，就可以找五位。方案二：如果你想找 20 位來配合，那麼平均每一位成本將變為五千元。或者為更保險起見，採雙管齊下策略，方案一跟方案二同時進行（大前提是分別邀請不同層次的 YouTuber 或網紅來擔綱。迎合你訴求族群，也是不錯的選擇。

第三步：確認族群

如果你所行銷的是高價位保養品或高端歐洲香水，那麼你所要掃描對象究竟是一般女士還是年齡介於 30 ～ 50 歲？對於你所賣的保養品有興趣、有錢、有閒的上班族？顯然這族群才是你所要的對象。

然後再針對主要對象的生活型態去規畫你的戰略與戰術。比方從辦公室裡可能發生的趣味故事去發展，或者再朝姊妹淘聚餐場合去構想 campaign。

第四步：搜獵 YouTubers

現在你有預算也知道消費者在哪裡後，接著就是如何發覺他們個性跟屬性搭嘎的 YouTubers。

第一種方式比較單純，直接以關鍵字在 Google 搜尋，你就會發現 Google 會幫你列出一大串具有影響力者名單，供你抉選。（如關鍵字為：愛輕旅行的少女；或重機車隊 YouTuber......etc.）當然這樣方式只是提供一個概況而已，你還須進一步了解他們的頻道訂閱數多少，之前有沒有鬧過醜聞等等。

第二種方式，透過新聞報導內容或特定 TV 節目曾邀請這類當特別來賓，獲得相關資訊，在國外像 Influicity 就是一個專業有影響力平台，頗受到歡迎。在國內已經有 KOL 平台，專門提供類似有影響力人名單。

第五步：明查暗訪

如同前面所提，並非人氣很高、長得十分秀麗，或公司高層喜歡他在頻道上演出，就一定適合公司當成長夥伴，主要看他本身氣質或肢體語言談吐等，是否跟商品屬性速配，然後設法先跟他保持良好互動（先花一段時間跟他培養默契，後續配合才會更順暢）或者以交叉互動方式，公司挺他，讓他也力挺公司來拉抬彼此聲勢。並從他的跟隨者或訂閱頻道者也間接地對你的商品產生好感進而產生購買行動。

第六步：策略經營

其實要跟這些有影響力的小群體或個人，經營良好互動關係沒想像

中那麼簡單。也並非像找網紅讓他當廣告代言人，就算任務成功了。而必須有階段性策略去配合。如第一階段找最有人氣網美擔綱，半年之後再找人氣排行第二位（或第三位……etc）；在每階段中還得須以數據實際查核（如花多少經費對銷售幫助多了多少百分比），再作彈性調整。

第七步：架構期望

　　合作之前你就必須架構這回計畫輪廓，與設下你的期望值。才不會浪費你寶貴時間。更重要是讓他完全透徹了解公司文化甚至是商品內涵。而不是請她隨便代言，或花些錢請他們寫寫完全是隔靴搔癢的開箱文就算交差了事。很多中小企業就是犯了急就章錯誤，以為找到網紅網美就成功一大半，實在可惜。商品盡量提供他們一試再試，公司簡報讓他們一再觀看，去加深印象都是必須的。

第八步：溝通協調

　　一般來說，這些有影響力族群在接到公司邀請時很容易獅子大開口，要這個又要那個，甚至貪婪程度令人不屑，碰到這種情形可能某些大型公司會接受，但一般微型企業就會備感壓力直接回絕。

　　最好方式跟有影響力者談妥條件，支付一部分現金，其餘看合作後銷售情形提撥總銷售金額多少百分比作回饋。也因這樣分潤模式展開後，會讓影響力者更加倍努力，幫公司作種種促銷配合。

第九步：創意掛帥

　　目前最為企業界歡迎合作模式就是找網紅網美來寫開箱文，然後要他們在自己社群平台或部落格發表使用感言，方法是對，但一般部落客寫手的下筆風格跟角度多過於八股。如：當我從快遞手中拿到這包裝漂亮，內容又 XXXXXX 我驚訝萬分 ......etc.。滿可惜，這樣風格文章讓人一看就是百分百業配商業行為，一看就知道內容非常虛假；很難讓人產生信賴感。如果要以這樣方式合作，公司本身就得要求他們做創意性演出，如果能出現一半廣告文一半實體文，就能增加公信力。

第八章
12 種奪回市占黃金法則

It's folly to punish your neighbor by fire when you live next door.

以火做為報復鄰居的武器是很愚昧的，尤其你剛好又是
住在他的左鄰右舍時。

派博里流司西洛

在行銷學理的 M.S. 是有兩種完全不同的解釋。

一個是指 Mind Share 心理佔有率。

一個是指 Market Share 市場佔有率。

● 「心理佔有率」

「心理佔有率」特別是指一個商品在消費者心理的「地位」（重要性）高低而言。

它包括了消費者對某一商品的：

· 印象（一流評價率）

· 理解（理念了解率）

· 共鳴（預定購買率）... 等綜合的「期望值」

● 「市場佔有率」

「市場佔有率」（或簡稱佔有率）就不一樣了。

它指的是公司裡所生產的某一種商品（或部份商品線或全部商品）在整體市場中，所佔的比率多寡。（特別是指銷售數量、金額）。

如果市場佔有率高（或高居同業的前三名），即表示行銷能力好或獲利情形可能不錯。相對地，如果它偏低，即意味著商品在市場當中，競爭力不如人，須有效去突破瓶頸。

比方：

1、麵包市場，每年三百億元。統一麵包／超商擁有 10%市場佔有率。

2、電腦辭典市場，無敵年銷量約三十萬台，高居盟主地位。

3、自行車市場，每年內銷量約五十萬台，捷安特佔有率 35%以上。

4、整體冰品市場 40 億元。

　　甲、冰棒佔有率約 46%

　　乙、冰淇淋佔有率約 32%

　　丙、雪糕佔有率約 11%

　　丁、甜筒佔有率約 10%

　　戊、三明治、銅鑼燒 ...... 等冰品佔有率約 1%

5、整體冷氣市場約九十五萬台～一百萬台。

　　己、窗型佔 70%（七十萬台潛力）

　　庚、分離式佔 20%（二十萬台潛力）

　　辛、其他佔 10%（十萬台潛力）

● 「提升佔有率」

一般而言，企業所盼望的「提升佔有率」實包含著兩種不同意義：
擴大原先的市場基礎或扳回若干已被侵蝕的市場基礎。

一、擴大原先的市場基礎

在「擴大原先的市場基礎」的做法中，有八項策略是可以採行，間接可以完成使命的。像是：

1、擴張通路網

如「沛綠雅」氣泡式礦泉水，除了超商通路已拿下以外，也成功打進「星期五餐廳」等新通路，或像傳真機業除了主打一般 office 外，也以家庭使用為第二戰場擴張通路，讓佔有率提升。

2、追加廣告量

原為藥酒市場裡第二品牌的「維士比液」，即是最典型以「追加廣告量」和運用藍徹斯特戰略成功拉下市場的第一品牌的商品。當您的廣告值和競爭品牌不相上下時，如果能明顯在廣告量上「加碼」，想擴大市場佔有率，並不會困難的。

3、售價拼命降

「愛買」、「大批發」或「頂好超市」......量販店，每每真實放下身段，以實在折扣作 SP 主題時，往往會在短時間內讓銷售曲線成陵波狀，扶搖直上。

如果是有計畫性想侵蝕別人市場，在商品特性彼此又滿接近的話，大降價有時候也是能擴大佔有率最直接最快速的策略之一。

4、攻擊最弱點

敵人的弱點在那裡，就攻那裡。當一份市場研究報告清楚顯示不同都市、不同鄉村地區各品牌的佔有率情況後，就可以找對手在某一行政區較弱的點下手，嘗試單點突破戰略，再慢慢由此單點向線突破。比方在花東地區，各品牌鮮奶佔有率是：

‧光泉 12%

‧統一 25%

‧味全 3%

‧福樂 0.5%

（以上資料係為假設數字）

而您想擴大自己品牌（假設為 A 牌子）佔有率時，最好找特別弱的
對手作優先攻擊對象，完全針對它來實施種種強進攻佔策略，以快速佔
一席之地。如果您是一個新品牌，不顧及自己份量，盲目找統一或光泉
下手，會很容易栽上大跟斗的（除非你的商品競爭條件優厚）。

5、塑品牌個性

每一個人都會有她（他）自己個性。或愛孤獨，或桀敖不馴或皮
到極點 ...... 等。同樣的，一個商品也會有它自己的個性（習以 brand
character 品牌個性稱之）。當您手上商品經過種種概念抽析（抽絲剝
繭式分析）後，它會像是粗獷的張鋯哲（韓籍歌手）或會像是梅艷芳般
冷酷不苟言笑，還是會像席維斯史特龍般的結實身材，外帶幾許木訥神
情 ... 等，品牌個性 brand character 也將一一呈現。

您會發現，只要是品牌個性被塑造成功者，該商品多半是市場中的
領導品牌。諸如：

‧「伯朗咖啡」（Mr.brown 的 character）

‧「維士比」（串聯周潤發個性）

‧「SK2」（串聯劉嘉玲女人味）

皆是成功塑造 character 的品牌。

6、促銷多刺激

雖然 SP 確能帶來迅速業績成長效果，但並不表示您可以長期（或經常）實施。果真經常舉辦 SP，消費者一旦開始「染上吃重鹹」習慣後，您還有多少折扣可以來便宜對方？

在某些關鍵時刻，或準備將商品打入另一戰場時，降價的確不失為擴大市場佔有率不錯的方法之一。

7、延伸品牌

有些公司在成功建立主力品牌後，往往會跟著推出內容 90％以上相同的副品牌，企圖再擴張地盤。

延伸品牌方法主要有兩種：

‧第一種：內容幾乎相同，品牌名卻不同。如：大來卡、花旗金卡。花王、美力洗髮精。

‧第二種：品牌名同，但系列商品又不同。如：悅氏礦泉水、悅氏礦泉水茶飲料。麥斯威爾隨身包、咖啡罐。白蘭氏雞精、兒童雞精。

8、教新用途

如一般人在使用鮪魚罐頭時，多半只會想拿它來配飯用。但「愛之味」卻教育了消費者在每天早飯時使用，而且要夾在吐司麵包中讓小孩子吃。使用機會增多後，自然對市場佔有率會產生推波助瀾效果。

或像「穩潔」乾脆教育消費者拿它當汽車窗清潔劑使用，將它倒入車窗水箱裡時隨著清水噴出，達到潔窗之效。

二、拿回被侵蝕的市場

除了前述八項策略外，通用以下四種策略後，對於拿回被侵蝕的市場，仍有相當效果：

1、調整銷售網

您的商品會不會一路開高走高、拉出長紅，與您的中盤商是不是用心在推，有密切關聯。有時候稍稍調整一下通路上執行人員，或特別加強那一區銷售力，或忍痛放棄某一弱區（確定是扶不起的阿斗）行銷網後，對於搶回市場也有成效。與其捨棄某些惡戰難纏區，轉而強化自己有利點，往往會有意想不到的成績出現。至於如何常保公司內部業務人心情處於極佳狀況，打拼出好業績，同樣是當務之急工作。

2、強化商品力

罐裝奶粉製造業頗擅長此法來推展其商品。如克寧奶粉的「加 300 克額外量，仍維持原價」的「價值商品力」技巧，或像某些鮮奶業者除了原有在鮮奶 base 上，在添加 Oligo 寡糖等成分，但售價一樣維持在 55 元的「實質商品力」做法。同樣能扳回自己被侵蝕掉的市場。

3、拷貝對手

您的對手如何出招獲勝，您同樣可以來個依樣葫蘆抄襲他。比方對手在淡季期間以七折方式促銷書籍，您一樣可以百分之百抄襲他。或對手舉辦大型展售會，您同樣可以從頭觀察到尾，然後選擇一個好時機，好好辦一場商品秀，來扳回市場佔有率。

4、再推新商品

以「美利達」自行車為例（過去該公司主打萊電系列），當他們知道自己佔有率被「巨大公司」旗下的「捷安特」給搶走很多後，陸續開

發出電力自行車和更高級車抗衡,而扳回了一些市場。

　　當年「美國通用汽車公司」曾因日本車持續低價搶灘,和自己品管做得不夠好原因,使得公司營運大受影響,爾後該公司硬是靠「釷星Saturn」車開發成功,以漂亮行銷手法,奪回了不少市場佔有率,轟動了全世界。國內的「佳麗寶化妝品」亦曾在多年以前靠著新口紅商品推出,在「鍾楚紅」這位紅星的廣告代言下,打了一場精采戰役,而奠定了當今頗優勢地位。

　　拷貝對手,仍要好體質。能夠 copy 對手策略的話當然是一件好事,因為您有機會去「溫柔報復」、扳回顏面。然值得注意的是,想溫柔報復或給對手一點顏色瞧瞧的大前提,您一樣要具有如對方的不錯體質,否則胡亂拆招後,恐怕會衍生後遺症,讓您更寢食難安了!

第九章
如何撰寫銅牆鐵壁行銷企劃書

Let our advance worrying become advance thinking & planning.

凡事只要能做到事前詳細思考、慎密規劃，就不至於產
生事前焦慮、擔心了。

韋恩史東 · 邱吉爾

　　如果把市場行銷計劃書 Marketing　Plan 比喻是「推動企業邊際利潤一雙手」，應該是最恰當不過了。

　　事實上所有行銷目的，總是在發掘兩項事實：

1、有效的購買者（具備了寬裕的可支配所得）。

2、優渥的企業利潤（消費者在購買他們所需商品後，跟著讓廠商賺得不錯利潤）。

　　而一本一本 Marketing　Plan 出爐後，理所當然會將整個行銷目標，以更密集火力方式去搶攻完成。平常我們所接觸到 Marketing　Plan 總是那麼厚厚一本，有些更長達三、四十頁。其實，過長的內容是沒此必要的。

　　筆者就曾在日本一家大商社裡，發現她們提案計劃書尺寸，就是單張 A3 紙。在這張 A3 紙上雖然安排字數未見密密麻麻，但光從其井然有序流程表中，卻早就一眼望穿整個行銷作戰意圖。日本人如此精，簡撰寫法，的確令人大開眼界，佩服其商場智慧。這雙推動企業邊際利潤的手裡，到底又存在這什麼樣「天機」，在暗中幫助著企業運作、和利潤獲得呢？

　　依筆者十餘年企劃工作經驗發現：很多企業之所以未能成功上市其新商品關鍵點，在於那雙手推動時，出了問題。他們往往不是事前推演不夠細膩，要不就是構想很棒，但執行時，讓它產生了偏差，最後則不幸被市場淘汰了。

● 四大策略行銷變數Strategic marketing variables

而這裡所謂的「天機」，實則包含了四大策略行銷變數 Strategic marketing variables 交叉影響後所產生的「千變萬化」而言。包括：

一、商品／勞務

1、全新商品、經過改良商品
2、目前所處生命循環位置
　　是金牛？
　　是閃耀星星？
　　是天狗？
　　是其他？
3、消費者利益關鍵點
4、認知的價值

二、售價

1、末端零售價
2、批發價
3、形象上售價
4、市場滲透價
5、價格變動後市場敏感度

三、通路

1、陳列面
2、商品標示

3、DM 廣告

4、直接銷售

5、teltmarketing

四、推廣

1、廣告活動

2、公共關係

3、展覽會

4、包裝

5、特賣活動

6、訪問銷售

7、銷售戰力訓練

8、種種行銷支援

9、形象推廣／賣場燈光氣氛／廣告作品佈局

10、推銷信函

　　以上四大行銷變數錯綜複雜的因子，如果中小企業在企圖搶灘市場時，缺少了這份行銷計畫書，後果可能會變得如何呢？

　　例如：李小昂自踏入這家專門以羊奶送到家服務聞名的「康×公司」後，在老闆的鼓勵下，他暫時將人事管理工作交給助理執行，自己則開始負責整個公司營運發展和行銷企劃工作。據他估計，公司應可在第二年裡，衝出八千萬業績。當時他雄心萬丈在眾多幹部眼前，向老闆提案報告時，確實也請教過幾位同樣都是擔任企業行銷部門的學長們，而得到此寶貴結論。

　　同時，他還建議老闆至少要花上五百萬元經費來促銷，好提前完成

挑戰目標。一年過去了，不但公司業績只達到了 35％目標，就連財務部門也陸續傳出資金告急消息，老闆則在數次幹部會議檢討後發現，公司之所以會險象環生最大原因，係出在「赤手空拳闖天下」的關鍵點上。

　　李小昂經理雖是整個公司作戰最高指揮官，但戰略如何打，戰術如何活用等細節，全憑他一個大腦，自個兒保存著。既沒有給上司一份行銷計畫書，也沒有知會平行部門主管，他將如何推展整個計劃。老闆一怒之下，立刻將他革職，當天發給他遣散費後，就告訴他第二天起，可以在家休養不用再到公司上班了。從前述實例中，我們都明瞭到，一旦公司在推新商品前夕，缺少了 Marketing　Plan 領航，後果將是很難想像的。

● 銅牆鐵壁的行銷計畫書　需涵括七大重點

　　一份銅牆鐵壁般的行銷計畫書、通常會涵蓋哪些更細微項目，讓行銷工作執行起來更安全、有效呢？

一、精采重點摘要 executive summary

　　通常摘要內容都不會超過兩張（A4）以提綱挈領方式、先將整個案子的「結論」、開門見山地，以較粗字體，呈現給相關人員。而這麼安排目的就是希望所有相關人員，不論階級高低，都可以在短短兩、三分鐘內就全就掌控案子精髓。

二、市場狀況分析 market analysis

在這部份，S.W.O.T 分析的工夫是一樣都不能少的。包括自己商品的 Strength 優點、Weakness 弱點、Opportunities 機會點、Threats 威脅點，都需做詳盡分析。而整體市場未來動向、消費者可能產生哪些行為、您如何做好對象區隔 ... 等都需比敵對品牌要有深入了解。

三、目的、目標 objectives & goals

到底這份行銷計畫書目的是要做什麼？

1、是想獲得較高市場佔有率呢？

2、是想讓商品在市場中快速動起來？

3、還是想改善表現欠佳的「稅前利潤」？

4、抑或長期保有不錯的投資報酬率？

比方：

· 希望藉著這份行銷計畫書執行後，讓公司商品能獲得 25%的市場佔有率

· 希望藉這份行銷計畫書執行後，能長期保有 12%的投資報酬率 ...... 等

四、市場戰略、戰術 marketing tactics

比方說當唱片公司企劃宣傳部門，想替張惠妹、這位來自原住民部落小女孩，做出種種不一樣「包裝功夫」時，總是會跟著聯想到，後續三大行銷動作：

1、音樂專輯發行後，到底是要賣給誰？

2、4P 如何巧妙串聯？

3、老闆要準備多少經費，來強力支援這項計劃？

Targets Marketing 要賣給誰？

以她天生俱來嘹亮歌喉和渾身動感的特質，她的歌路似乎瞄準 X 世代、Y 世代推廣會比 LKK 族群或戰後嬰兒潮這一族群，要來得更適當些吧！如果整個戰略目標是全力瞄準 X、Y 世代的話，曲風表現又該呈現什麼樣風貌？是成熟？是性感？是溫馨？還是友情呼喚？抑朝復古發展？如果整張專輯的「商品概念」清楚鎖定在「X、Y 世代熱情」，是否找幾位做曲風格接近者，如江志豐或鄭進一，來完成這神聖任務呢？

先試試張雨生的作品「姊妹」吧！於是，張雨生、張惠妹、唱片公司就這樣智慧地聯手搶灘市場了。其實任何行業的行銷計畫內容，都是大同小異的。都需把您的商品，如同魔棒似的，遂一點石成金。將您的商品，很清楚地「賣」給您的「目標對象群」targets。

Marketing Mix 4P 如何巧妙串聯？

第一 P：商品最後將呈現哪些風貌？

第二 P：通路上，有無氣血未通現象？

第三 P：推廣上，各種火力支援足夠嗎？

第四 P：售價上，是否「卡」得其所？

讓我們再以房地產商品為例說明，看看時下的建商或代銷公司，是如何巧妙串聯這 4P，成功將個案 clean 賣出？

通常房地產商品在推出前，總會給自己一個滿清楚的「定位」。這

個新工地究竟要走一棟售價高達一億三千萬的頂級別墅路線，賣給 super 董事長住呢，還是要將此一新生地開發給中產階級享用，去蓋出連棟式八十坪大小、每幢價值三千萬元的別墅村？當事前定位釐清後，建商最後確定以「小空間大魔術」為主要商品概念延伸，蓋出五千戶千篇一律坪數在三十上下「夾層屋」成品，在設法將它推銷出去。

1、商品 products 上：

既是夾層屋為主要設計重點，就可以儘在合法前提下推廣。讓客戶體會出夾層屋與樓中樓魅力是如何不同。

2、通路 places 上：

絕大部分房地產都是透過 one by one 一對一式，靠工地現場售屋先生、小姐的說服力，將房子賣出去的。極少出現過這些業務員登門推銷或再經由百貨公司的專櫃或汽車展示場 ...... 等通路來促銷房地產的。

3、推廣 promotion 上：

建商或代銷公司往往會抓住這些潛在客戶生活型態特質，然後在推廣技巧上，逐一向他們靠攏，設法解下其心防。如大打電視廣告啦、大發宣傳 DM 啦、如請知名藝人多位在現場作拍賣（新屋）、舉辦園遊會等等方式匯集人氣。

4、售價 price 上：

要在同一行政區內（如中山區）走最高價位、一坪二百二十萬呢，還是要走中山區內最低價位一坪八十萬？還是考慮以套房價格提供高級電梯華廈級享受？

總而言之，建商或代銷商不管它主打什麼樣商品概念，終究還是要在這 4P 上，去巧妙串聯作出多種推廣組合，而成功地消化掉手中的個案。

◎整個行銷計畫的經費 Marketing Expenditure

再偉大的構想、再棒的方案還是需要一筆預算支持的。否則一切將變成「空談」。

一般而言，女性化妝品業者所需支付行銷計畫經費，會比其他行業要高許多。藥品類商品在國內因衛生署把關滿緊關係，比較無法為所欲為作商品促銷（贈獎送海外旅遊 ...... 等），自然所耗費的預算會經濟一些。

五、任務分配 action programme

當行銷計畫作戰方針確定後，也是擔當小組開始工作時候了。

1、誰負責在春季時候，執行市場試銷重任？或誰必須在三越幾號前提出試銷結果？

2、在試銷研究同時，如何以比稿方式來選擇一家創意不錯廣告代理商配合？

3、在五月下旬，由承辦人負責購買哪些電視檔次於七月份撥出？

4、七月中旬，新商品要從北部還是中部、南部，開始鋪貨。

六、有效控制花費 budgets

雖然在前文之處已對行銷經費內容做了部份剖析，但如何將這些經費做適度花費（在不超過整個預算，在效用達到最佳狀況時）於採購相關任務，讓現金流量 cash flow 功夫做得更好、同樣是不容忽視的。

七、時間表監控 control

為更有效掌握整個計劃效益性，就必須對這當中任一細節作更細膩監控。

而監控功夫則包括了：

1、行事曆，上頭載明整個計劃的時間總表。什麼時候必須完成哪些事情，一目了然。

2、萬一執行時有了偏差，如何快速修正它。

或許讀者在看完此章節，如此冗長介紹會產生一頭露水，無法像泡完一杯即溶咖啡後，立刻享受它的迷人風味，而有所遺憾。有鑑於此，筆者遂將一份完備行銷計畫書應有的內容，造成 checklist 查核表，讓讀者更容易輕鬆套招，馬上學馬上用。

以後，當您扛下新商品上市搶灘重任後，只要特別注意 checklist 中的七大鋼架和三十個小環節，一旦打起行銷戰爭，就會更輕鬆自如，萬無一失了。

● 如何撰寫 Marketing Plan 行銷企劃書內容？

由於 Marketing Plan 行銷企劃書內容是否思考得非常細膩，會很忠實、很快就反映在新商品上市後的「非常時機」裡，更會深深左右到企業的生或死（尤其是當新公司成立後，馬上要推出一項新商品時），因而事前準備功夫就必須以更慢工手法去出細活了。

而擬出一份滴水不漏的完善 Marketing Plan 來安全打開市場，也是有終南捷徑的：

1、在尚未撰寫前：

先調出公司內舊有檔案，再「比對」出當時提案後與執行時，究竟產生哪些差異？然後將差異原因「修正」入自己的案子，收鑑往知來效果。

2、提前出發撰寫：

這一來就可能替你省下若干可能被他人延誤時間，不致到最後演成急就章，甚至匆促間定案。

3、造表：

所有過程一定要造表、列出行事曆，嚴密掌控、修正，才不至於延誤上市商機。

4、撰寫案子同時：

多參考詢問別的部門意見進去。有人 keyman 多位意見後，往往會讓上市風險減掉大半。

● 行銷計畫查核分析表 Marketing Plan Checklist

表（四）行銷計畫查核分析表

A、市場分析	1、整個市場大小、未來和特色 2、過去業者如何耕耘？ 3、最近又有哪些變化？ 4、商品通常如何被區隔？ 5、淡季旺季時，銷售如何受影響？ 6、鄉村、都市消費型有哪些不同？ 7、整個產業通路變化情形為何？ 8、敵對品牌威脅如何？ 9、商品的 S.W.O.T. 分析
B、目的、目標	10、年度銷售目標為何？ 11、預計攻佔多少佔有率？ 12、預計創造多少營運利潤？ 13、短期目標、長期目標為何？ 14、商品想賣給誰？
C、市場策略	15、商品／勞務的定位為何？ 16、商品要定什麼樣的價格？ 17、通路如何打開？如何增新通路？ 18、推廣戰略為何？ 19、要運用什麼樣有效傳播戰略？

D、任務分配	20、擔當人員任務分配為何？ 21、經銷點可能配合情況為何？ 22、廣告代理商如何篩選？ 23、如何發放促銷獎金？
E、計畫經費	24、預計達到什麼樣邊際利潤？ 25、這些經費如何有效花費？ 26、現金流量如何？ 27、部門內預算為何？
F、精準掌握	28、有沒有照表（行事曆）逐一追蹤？
G、其他考量	29、商業道德或善良風俗習慣？ 30、有無違法？或違反公平交易原則？

第十章
善用「心理佔有率」 直搗消費者心坎

「女友跟人家結婚度蜜月去了，為什麼新郎不是我？」

「人事命令下來了：為什麼年資、才華不如我的小凡，反而升官又發財了？」

「明明我所到之處，選民都熱情支持我，為什麼投票結果揭曉後，我還是落選了？」

其實這些現象之所以會產生，絕對是「其來有自」。而不是您想像中的「我是不是犯了小人？」或「我的運氣永遠比人背」悲觀論調。較正確觀念應該是說：您完全忽略了「魅力商品」和「Mind Share 心理佔有率」這兩大「成功因子」間微妙關係。

● 「魅力商品」

通常我們所說的「魅力商品」，它本身可能有好幾層不同意義存在。如：

1、the most admired produts 備受推崇的商品

2、hot produts 熱門、搶手商品

3、produts of 2022（1999、2000...）年度風雲產品

4、star produts 明星產品

5、人氣商品、受日本人歡迎的產品

　　這五層全是方法雖略有不同，但在基本精神上，卻共通存在著「美麗、動人」神韻，深深吸引著消費者真心擁有。

　　如果我們再認真分析的話，又會發現：

甲、行銷角度

乙、消費者角度

來觀察後，將發現它與「魅力商品」的認知情形，仍有若干相異之處。

　　從**「行銷角度」**觀之，魅力商品的要件為：

1、往往受歡迎於世界各地。如 5G 摺疊筆電。

2、往往其廣告滲透力非常強。如「潘婷 proV」，如「資生堂化妝品」。

3、曾引起最多話題性（正面話題）。如「哈雷重機」、「抓娃娃機器」、「柏青哥」、「海外旅遊」......商品。

4、可能指它的優良手工打造技術或及嚴格品管下的量產商品。前者如味道很棒的「手工大饅頭」、「可口蚵仔麵線」。後者如「100 吋寬螢幕大電視」或「WiFi 熱水瓶」。

　　若轉個角度，直接從**「消費者角度」**切入的話，魅力商品（或他心目中最想馬上擁有者）的要件又變成了：

1、對商品本身（品牌本身）存在著「一流評價」。

2、對商品本身內涵，存在著「詳細理解度」。

3、跟商品有很大共鳴感。預計不久，或將來，一定要買下它。

4、對商品的「心理期望」，非常高。

◎而綜合了這兩個角度之後，Mind Share 高，它就稱得上是「魅力商品」、「魅力品牌」了。

就拿第一次民選總統的四組候選人之間大戰情形來說明好了：

當大選結果揭曉後，被打入敗部的三組候選人都曾滿受委屈表示：「該拜票地方都去過了，就算是離島地區也拉過票了，而我們一到那個地方，幾乎所有選民也滿熱情出來歡迎，全省大大小小廟也捻過香了，為什麼我們還是落敗了？」的確，事實也是如此。而且這四組候選人的廣告量都非常大，為什麼彼此差距結果會這麼大？這完全因彼此對 Mind Share 認知不足所致。總以為大打廣告、勤走眷村、上山下海與民眾握手就算成功了。事情哪有這麼簡單！

候選人能否得勝（暫不列入買票勾當），或商品能不能塑造出「完全魅力」，關鍵在於選民或消費者的**「期望值」**。

期望值愈高代表魅力度高。反之則代表它不夠魅力：簡單而言，選民（消費者）心中的「期望值」、「印象」、「理解」、「共鳴」4 個評定要素，有絕對影響力於魅力度塑造上。

而印象實指選民對 ×× 配的「一流評價率」。有些候選人在百姓心目中印象評價只達二流半（介於二流到三流間），理所當然地被選民刷到了。有些候選人則因理想、理念等未被接受或曲解或全然不知，自然地在「商品理解度」（對他們理解度）中，未能取得優勢。或因雙方觀念過於歧異，無法引起共鳴，遂喪失預定購買度（指名投下選票），而飲恨大選中。

　　總而言之，如果提示後的知名度、一流評價率、理解度、預定購買率上都能取得優勢的話，勝算自然增高了。

● Mind Share 怎麼產生？

1、印象（一流評價率），以 I1、I2、I3、I4 代之

2、理解（理念理解度），以 U1、U2、U3、U4 代之

3、共鳴（預定投下率），以 E1、E2、E3、E4 代之

　　選民期望值，以 O 代表

　　$O1 = I1 \times U1 \times E1$（A 值）

　　$O2 = I2 \times U2 \times E2$（B 值）

　　$O3 = I3 \times U3 \times E3$（C 值）

　　$O4 = I4 \times U4 \times E4$（D 值）

　　以第一組《陳王配》為例，其 MIND SHARE（A 值）值變成：

$$\frac{O1（M.S 值）}{O1+O2+O3+O4}$$

表（五）4組大選候選人 MIND SHARE 差異分析表：

候選人成功因子	1 陳王配	2 李連配	3 彭謝配	4 林郝配
提示後的知名度（％）	97	97	97	97
一流評價率 I（％）	I1	I2	I3	I4
理解度 U（％）	U1	U2	U3	U4
預定購買率 E（％）	E1	E2	E3	E4
MIND SHARE 心理佔有率（％）	A	B	C	D

（以上皆為模擬數字）

4、M.S. 值愈高代表愈受選民歡迎。

5、提示後知名度每一個均暫以 97％代之。而實際調查後，當然會陸續產生不同數字。

6、即使提示後知名度四組中最高的，不見得會在 M.S. 上拿下第一的。

當看完表（五）剖析後，就知道為什麼那三組候選人落敗了，為什麼？

他們未塑造出「極端魅力」？

就算是經提示後，四組的知名度完全一樣，但是：

＊各組是否都讓選民認為他們形象、身價為「一流」？

＊各組以往作為，未來治國理念，是否讓選民「理解」？

＊各組是否都讓選民保存了「預定投票支持」想法？

這三大要素數字的產生不同結果，會很現實「製造」幾家歡樂幾家愁結果。更重要是，如果您不了解自己商品在對方心目中地位，商品理念也未被瞭解充分，或知名度（包括提示前、提示後）還是不足時，就算您砸下巨額宣傳費、消費者還是不會領情的。

● 一般商品如何破解偏低 M.S. 命運？

前面所提的係依選戰行銷觀點探討 M.S. 的極端重要性。現在我們再換個角度來看一般消費品因為不同因子交叉影響結果，對心理佔有率產生什麼樣的結果。

筆者就曾替一家食品業者做診斷時，發現了類似情況。他們的果汁冰棒在單月中，廣告費一打就是好幾百萬元，沒想到四十天過了，夏天都快拜拜了，東西全還躲在店家冰櫃裡。庫存之多，慘不忍睹。爾後一研究發現：無論在「一流評價率」、「理解度」和「預購率」上，都明顯輸給其他競爭品牌。自然 M.S. 數字也偏低了。

經過種種補強動作後，如加深消費者的了解、重新塑造形象 ...... 等之後，明顯地，M.S. 慢慢提高了，也漸漸呈現了魅力商品不一樣氣質，成功扳回不少被侵蝕的市場。

在您初步對 M.S. 與魅力商品有點初步認識後，是不是也發現市面上正燒賣的無線上網相機、合法挑高樓中樓成屋、或名牌信用卡、四輪傳統越野休閒車等商品與消費者腦海裡的「心理佔有率」（或說是您大腦裡），亦有著密切關聯呢？

● 何謂「心理佔有率」？

「**心理佔有率**」一詞以較科學、較專業觀點來說是：

當消費者在考慮購買某一商品時，下意識地從腦海中「檔案櫃」裡所抽出的一個一個抽屜。在這些所有檔案中，它的被重視地位隨著心理佔有率高低，井然有限排列著。

例如一位女性主管在考慮購買內衣時，當她走到百貨公司專櫃處，腦海裡就會立刻釋放出「華歌爾」、「黛安芬」、「媚登峰」、「奧黛莉」等所有品牌訊息。

1、如果她是懷著「品牌意識」前去，自然有自己心目中理想品牌，非買該品牌不可！

2、如果她在購買之前，並未存在著某一心儀已久品牌，那麼在購買掏腰包前，腦海中勢必出現雜亂的檔案順序。既沒有那個第一，也沒有那個最後的現象。

如果真實情況如同前者 1 所示，自然會產生某一品牌的心理佔有率在所有品牌中，數字（分數）最高。

如果真實情況如同後者 2 所言，可能代表著所有品牌的心理佔有率、非常接近，數字（分數）都偏低。

第十一章
長壽型商品，如何企劃

The secret of a good life is to have the right loyalties & to
hold them in the right scale of values.

優質生活的竅門完全在於擁有一份難得（或正確）的
「忠實權利」，同時還還能保有它無盡的附加價值，直
到永遠、永遠。

諾曼湯姆士

　　一項商品如果有機會在上市後就花開並蒂，成功佔一席之地，那已經是很不容易的事了。想讓商品長命百歲，外表看起來永遠那麼年輕，那就更困難了。依據專家們的研究：凡是商品壽命已經超過三十個年頭者，都可以長壽型商品稱之。

　　而「暢銷」一詞與「長銷」（長壽型銷售）還是不同的。前者的魅力在於一種即時性的不錯銷售成績。如：暢銷書《擁抱大未來》、《哈利波特》...等。或像「Porsche 休旅車」、「Nissan GT one 跑車」等。

　　後者的魅力在於它永久性的銷售表現，這類型商品經常一賣就是數十個年頭，或是百年、幾世紀，品牌形象也早深深烙印在大眾腦海裡。

　　日本境內長壽商品，像：

1、日立、松下、新力彩色電視機

2、豐田 Corona 車、日產 Datsun 跑車

3、克胃瞶精（興和胃腸藥）

4、三得利角瓶（威士忌酒）

5、七星菸

6、廚房拉麵（日清食品）、札幌一番拉麵等，他們的商品壽命都在三十年以上。

　　而我們國內也有不少長壽型商品，銷售於都市鄉鎮區。像是：

1、郭元益糕品

2、味全食品

3、黑松汽水

4、黑人牙膏

5、派克筆

6、長壽香菸

7、台灣啤酒

8、美樂達、尼康、萊卡相機

9、精工錶、東方、勞力士、星辰

10、自由時報 ...... 等，都是數十年以來頗受消費者喜愛的經典品牌。

● 長壽型商品成立條件

長壽型商品成立條件，機能＋感覺＋價值觀

以同樣的手錶為例，為什麼除了精工錶、AP 錶、歐米茄、勞力士等外，其他品牌無法享受到消費者長期青睞呢？

在那麼多食品飲料品牌中，為什麼只殘存（存活）可口可樂系列商品，而其他品牌卻早被市場淘汰了呢？

長壽型商品之所以有辦法一立足就是三十年，一賣就是上百年，並不是沒有行銷依據的。

事實上無論就「台灣啤酒」那麼受歡迎事實來看，或從「長壽」煙市場佔有率高達 70% 數據觀之，都不難從長壽商品中，同時嗅出他們特殊的：

・**機能賦予**

・**使用感覺（feeling）**

・**價值觀**

　　有些商品的機能非常優秀，甚常教人有愛恨交加感。既愛擁有又恨腰包不允許。有些商品雖然機能上與競爭品牌大同小異，但在使用感覺上被塑造得全然不一樣，呈現更高的一種層次（品味）。

　　抽下長壽菸後的餘煙裊裊感；或幾杯 8℃ 溫度台灣啤酒下肚後那種特殊 feeling（口感、舒暢感），雖然在廣告上您是看不到，但從飲君子、癮君子口中或他們享受時的神情，您都能輕易解讀。

　　雖然「乖乖食品」一賣就是三十年，如果早期時候，它的發泡點心（俗稱膨風包）明顯偷工減料的話，或在 CM 裡未夾帶兒童遊戲、歡樂感的話，或它的包裝袋裡沒有特殊翻新促銷小贈品的話，恐怕也不可能有這麼風光的成績。

　　「黑松汽水」（指碳酸白汽水）在它成長中，亦數度遭受過不少的土汽水、洋汽水、洋可樂夾殺。但最後，它還是存活下來了。與其說黑松汽水的成功（指生命力強韌），我們不如說它是成功於「獨特個性塑造」，讓消費者在飲用當兒或飲用後，有一種獨特透明清涼 Feeling。當然它特殊甘、甜、稍嗆鼻口感也早根深蒂固於它的長期愛用者心理，才會讓消費者始終懷念它。

● 營業行銷部門

　　除「機能」、「使用 feeling」、「價值觀創造」外，是否還有秘法，可藉這些秘法來幫助商品長命百歲呢？

　　有的！就讓我們先從營業行銷部門探討起吧！

一、加重邊疆兵力

您只要常「常走訪鄉村地區就會發現：」咦～很多在台北市能買到的包裝水品牌，怎麼這裡都沒有？怎麼都是一些沒聽過的地方品牌！

筆者指的是較弱商品，商品生命力較脆弱，商品才會這樣。但只要是強勢品牌如「金車伯朗」、「金蘭食品」、「黑松沙士」、「耐斯洗髮精」，它們情況就好太多了。鋪貨率高為期最大特色。在筆者實戰經驗發現：即使大公司的業務部門，能力強的部屬也很少被派到邊陲地帶去保疆護土（有的業務不願意）。往往鞭長莫及情況演成，就容易讓商品折壽，無法讓更多人去真心愛它。有些長壽傷品屬性與一般消費品還是不同，廠商是不可能讓它隨便拋頭露面的（如高價房車）。如果邊陲地區經常有強力業務駐守，就讓商品體質更好，更健康。

二、聲望最佳狀況

以《朋馳》車為例，它一向以「品味第一、安全至上」的概念，發展出一部好幾百萬元高價車。然自 1996 年開始，朋馳總公司決定生產 M 系列迷你車，希望吸引更多消費能力不錯，購車預算在 80 ～ 90 萬台幣的年輕車主購買它。這是汽車界《朋馳》的滿 Smart 做法。既能延伸良好品牌形象，又能多做些生意，一舉兩得阿！

但在化妝品界裡，有些長壽型品牌做法就不是如此了，他們懂得將商品系列往左、往右延伸。像「資生堂」即將經營觸角擴及「高級蛋糕」、「花椿會」、「美容學苑」等關係企業，聰明地將企業的聲望保持在最佳狀況，悄悄又延續了商品生命力。

三、商品概念補強

　　以「乖乖食品」為例，在早期剛上市後，它的定位很單純，乖乖只是兒童愛吃的一種休閒點心。爾後商品定位改變，它開始有了五香、辣味、花生......等多樣口味。不過那時候，它還是一種單純的膨鬆點心。等到公司當局發現大眾對它漸漸又失去興趣時，它腦筋一轉將商品概念作了補強修正，讓它成為小朋友生活當中不可缺少的「玩伴」，而不只是一小包可解饞的休閒點心。於是種種塑膠玩具、紙牌、貼紙......玩具，也陸續被它運用到「膨風包」裡，一賣就是五十年。

四、抱怨歸檔處理

　　再好的商品，還是會有它的缺點存在。再好的商品也同樣會引來消費者抱怨。有鑑於此，將客戶的抱怨（complain）事項有系統歸納、建檔起來，詳細分析之後，就知道碰到哪些特殊狀況時，應如何快速反映、化解危機。

五、經常廣告提醒

　　黑松汽水早就是家喻戶曉商品了，它敢不持續做廣告嗎？麥當勞在食品市場裡，也早就是一顆巨星，它敢不每天打廣告片宣傳嗎？還有不少長命型汽車、家電......等，它們敢不持續打廣告反覆提醒消費者嗎？廠商如果希望您的消費者，時時刻刻不忘記您的企業名稱或優良品牌，那麼經常性的廣告叮嚀，就變得滿重要了。

　　誠如本文開端所說的，「優質生活的竅門，完全在於擁有一份難得（或正確）的『忠實權利』...」。可能忠實於您喜歡的情人，可能忠實於您喜歡的品牌名，也可能忠實於您特別喜歡的商品 ...... 等，如何恆久保有消費者的「仰慕」？如何永遠保有完整商品特殊 feeling？

　　看來，還真的處處是竅門呢！

第十二章
12 個廣告吸睛大法與 CM power

If life, as in a football game, the principle to follow is : hit the line hard.

吾人的生活，就像一場又一場美式足球賽。贏得比賽不二法門是：鎖定目標後，全力攻堅就可以圓滿達成了。

西奧多利羅斯福

　　提到廣告企劃書內容，它是不是像預售屋交易範本，不管是誰都需依它規定行事呢？

　　那不盡然！每一家代理商所提的廣告計畫（Advertising Plan）都不盡相同的。這又好像古時候「擺台迎娶」的公平競爭是一樣的。在擺台上，無論是哪一位挑戰者都可以運用對自己最擅長的功夫來與對方過招。無論您使出螳螂拳或鐵沙掌或崑崙派鐵頭功，只要您有本事，就可以當場將美嬌娘娶回家。

● 廣告企劃撰寫

　　廣告企劃撰寫時心境亦是如此。只要能把握住「7P」、「7M」這十四個要素發揮，他就是一份能助銷的 proposal。

一、7P

1、Product 商品計畫

2、Price 價格計畫

3、Place 通路計畫

4、Promotion 推廣計畫

5、Public relation 公關計畫

6、Personal selling 業務行銷活動別行銷動計畫

7、Payment 財務計畫

　　不過也有專家堅稱在換 Advertising Plan 時，應提出共 10 個 P 的主張。也就是說除了前面 7P 外，再加入：

8、Package 包裝設計計畫

9、Profit 利潤豪取計畫

10、社群廣告計畫

　　這三者才算是一份完整的 Proposal 企劃書。

二、7M

1、Merchandise 廣告商品

2、Market 廣告市場

3、Money 廣告預算

4、Media 廣告媒體

5、Motive 購買動機

6、Message 廣告訊息

7、Measurement 廣告效果調查

　　這 7 大項目做精要說明。

　　簡而言之，即使再棒的 Advertising Plan，如果案子裡缺少了上述十四項要素之一，一但執行後，效果很容易跟著被打折的。

● 沒有經費打不了 多少經費才合理？

No money, No talks！再偉大的創意產生後，如果缺少了經費支持，根本打不了廣告戰的。就算您的公司有的是鈔票，總不能漫無目標的花吧！

根據日本『廣告主協會』所做調查顯示：廣告主中，他們廣告經費提撥比率依序是這樣的：

第一名：資生堂　　8.62%

第二名：獅王　　　7.83%

第三名：花王　　　7.80%

第四名：扎幌啤酒　4.99%

第五名：三得利酒　6.64%

第六名：朝日啤酒　4.23%

第七名：味之素　　3.92%

第八名：高島屋　　3.66%

第九名：麒麟啤酒　1.88%

第十名：本田車　　1.38%

國內企業的廣告經費多數介於 5%～ 8%之間。當然也有不少企業在搶攤時，一撥就是目標銷售額的 20%，一副勢在必得心情。林林總總的廣告經費提撥方式中，有種是您非認識不可做法。如果在撰寫偉大案之前，腦海裡並未以預算大架構來構築，一但被上司問到：

「這些經費夠嗎？」

「這些預算數字的建議，你有何依據？」

「這些經費會不會太多？」......等多種情況時，會很容易讓您當場傻在那，不知如何接腔。

一般而言，預算提撥可能來自以下多種情況：

- **第一種／損益基準法**
- **第二種／市場基準法**
- **第三種／其他方法**

一、「損益基準法」

在第一種「損益基準法」裡，有可細分成四種計算方式，分別是：

1、原價基準法 - 任意增減法

此法主要提撥方式是完成按照以往（或去年同期）所花的數字作根基，再作自由性刪刪減減。比方現在是一月份，這個月我想花的費用，就按照去年一月所花的三千萬或四千萬元作基礎，任意增或減。

簡而言之，它亦只考量及損益而不去 care 廣告目標、不去 care 廣告企劃的一種較任性做法。

2、資金基準法 - 財務能力法

如果您的公司財力雄厚，在提撥經費做廣告時，倒可像愛之味或 P & G 寶鹼公司，以排山倒海之勢一陣猛攻。要是您的公司財務狀況只是普通（或一副弱不禁風樣），在打廣告時，就只好量力而為了。

3、利益基準法 - 利益百分率法

此法完全以「利益額」多少提撥依歸。也就是說，去年裡如果您的公司賺了三千萬元，廣告費花掉八百萬元，那麼廣告後的「純利」兩千兩百萬元。如果今年您仍想獲得與去年同樣的利益額，您的提撥經費就

173

得跟著調整了。

4、營業基準法－銷售單位法

又可細分三種計算標準：

①下年度預定銷售單位（如 102 年預定賣 100 萬打）

②今年度預定銷售單位（如 101 年預定賣 90 萬打）

③去年度已銷售單位（如 100 年已賣 86 萬打）

5、營業基準法－實際營業額法

亦可再細分成三種計算標準：

①下年度預定做到多少目標金額（如 20 億元）

②今年度預定做到目標金額（如 15 億元）

③去年度已達成的目標金額（如 12 億元）

也就是說，在營業基準法裡，提撥多少金額，全依照前述之數量或金額為基準。

二、「市場基準法」鎖定市場動態

第二型為市場基準法。此型又可細分：

6、工作目標法

日本數萬家企業中，運用此法打廣告者佔第一位，約為整體的 48.6％。此法對大特色、先鎖定自己廣告目標。然後再依據目標大小來設定自己經費。

7、競爭平行法

最主要特色為，您必須經常與對方互別苗頭。當對手花掉一億元時，您為了鞏固市場，只得跟著加碼。當對手刪減時，您也跟著人家刪。日本企業運用此法提撥廣告費者仍不多。約佔整體企業的 9.7%而已。

8、顧客基準法

如車商 SP 時，預定每部車子在賣出同時，消費者需分攤一千元台幣。車廠在作規劃時也同樣擬出了一千八百台或目標二千四百台房車目標。如果每位車主須分攤一千元，在二千四百台 clean 銷售後，廣告經費也將達 1000 × 2400 ＝ $ 240 萬元。

三、「R. O. I 法」

據筆者所了解，也有不少企業係採取**「投資報酬率」**做法，根據 Return On Investment（投資報酬結果高、低）來作推算核撥的。

其他方法則像某些企業盛行的：

1、「專案處理法」

每一次 campaign 提撥方式都不一樣，都要看董事長（會）心情好壞決定。

2、「初期表現法」

一開始根本不給經費，如果情況有好轉，可能象徵性增加一些。如果業績表現平平，則一毛不花。

● 成功的廣告企劃書 七步驟 九細節

一份能幫助銷售的廣告企劃書內容，應包含以下七大步驟、九個小細節：

廣告企劃書

一、市場概況分析

1、廣告上的問題點有哪些？

2、廣告上的機會點有哪些？

二、重要策略性抉擇：

3、你這次廣告目標是什麼？

4、你要向誰訴求？

5、商品競爭力分析。

6、如何成功塑造商品個性（或品牌個性）？

7、如何成功替商品定位？

三、創意企劃

四、媒體計畫

五、推廣促銷企劃

8、商品促銷。

9、公關。

六、預算分配

七、事後效果評估

● 「品牌個性」塑造任務

事實上廣告企劃書成型是不需要一定格式的，只要能精采、簡要訴說您的偉大創意產生是根據哪些市場前提？根據哪些已產生的問題點來改善？

或如何藉廣告宣傳同時，也達到「品牌個性」塑造任務。

或是您如何「製造」出更驚人的 CM power（廣告片威力），讓更多消費者認同您的廣告，購買您的商品？

對於廣告企劃書內容，依筆者建議是，您應特別特別加強在以下重點：

‧品牌個性塑造

‧事前、事後測試效果

‧CM power（廣告片威力）張力

這三大關鍵點，比較能輕鬆擊敗您的敵對品牌。

一個「品牌個性」模糊的商品，會很難受到消費者喜愛的。如果在案中能加入 Brand Character 品牌個性做法，一旦預算執行後也比較能迅速建立商品差異化特色。簡而言之，它的做法變成：

1、如果一塊進口瓷磚，您暫且把它當成一個人看待時，它會產生哪些「改變」？

2、他可能會開哪一種車代步？

3、他可能會上哪一類型餐廳招待朋友？

4、他外出時，可能會穿什麼樣服裝？

5、他購買圖書時，可能會買哪些類別的來充電？

當一項商品暫被擬人化後，他的個性也會在創意人員巧手中，逐一現形。假如您很仔細、很用心觀察的話；會發現「愛之味麥仔茶」、「青箭口香糖」、「沙萱洗髮精」、「勁量電池」...等商品，都含有一股極濃郁「個性香味」，深深吸引著消費著。在效果評估上，一個案子實施前或實施完後，都應立即作效果測試，以了解得、失。

事前測試包括平面稿概念測試、標題測試、layout（文字、圖編排）測試和腳本概念測試 ...... 等。如果您不做這些測試，很可能辛苦做出來的創意會出現「正打歪著」後果。而無法達到事半功倍之效。

如果您只顧瞻前不顧後，前測試做了，但後測試卻疏忽了，那還是不夠完美。根本不了解自己所策劃案子最後是好好到哪？或差，又差到哪？

一般所說的事後測試範圍，不外以下幾項：

1、你最近看過 ×× 商品的 CM（報紙廣告、雜誌廣告）嗎？

2、您覺得廣告當中，哪些讓你印象最深刻？

3、您會喜歡它嗎？

4、如果不喜歡的話，原因為何？

5、看到廣告之後，您買了這些商品嗎？

6、在沒看到廣告前提下，你買了這些商品嗎？

平常我們口頭上所說的：「那一支 CM 很好看」或「那一支片子播放應該會造成大賣 ...」其實就是指廣告片的「訴求強度」- CM power 在廣告企劃案中，它的實際角色又如何呢？

● CM POWER 廣告片訴求強度

CM power 指的就是廣告作品露出後，它所伴隨產生的：

・**購買力**

・**震撼力**

・**共鳴力**

這三者而言，

假設 CM power 很強，同樣意味著這三者數值很高。

假設 CM power 讓人感覺它弱不禁風，勢必在前三者上也同樣讓人感覺它的勢單力薄。

要解析 CM power 之前，首先需深入探討它的三大主軸：**認知強度、感動強度、助銷強度。**

一、認知強度（泛指觀眾、讀者對作品初步認知）

1、大標題（含 Landing Page、hashtags）

2、內文

3、商品正片

4、模特兒／動物主角

5、標準字

6、企業名稱

二、感動強度（讀者對作品之感動程度）

1、關心／有趣

2、獲得安全、歸屬、快樂

3、印象深刻

4、塑造不錯氣氛

5、有親和力

三、助銷強度（欣賞完作品，多少人會買？）

1、完全理解

2、用了商品，會帶來好處

3、會信賴該企業、商品

4、我可能會買

5、我非買不可

上述十六項因子中，若有部份因子「力不從心」演出，一定會影響到 CM power 的強弱。

◎廣告片尤應加強 旁白、口號

在電視廣告片 power 中，尤應加強「認知強度」中的「旁白」或「口號」之吸引力，來甜蜜勾引螢光幕前的潛在消費者。在感度強度上，也應加強「音樂行銷」（此指狹義的 BGM 背景音樂烘托、或另創配樂）之潛移默化力量。進而達成完全助銷效果。

＊影片要有吸睛效果，腳本故事精湛跟導演功力如火純
　青是先決條件。

● CM power

一、CM power 是這樣子計算出來的：

　　①認知強度平均值＋②感動強度平均值＋③助銷強度平均值
　　①＋②＋③後的總合即為 CM power

　　如果是創意人或廣告主、行銷人員疏忽了這十六項任何一項，讓它
產生瑕疵後，就容易使整個訴求強度減弱，影響到它的銷售能力。

二、CM power 廣告訴求強度分析表　(表格見後頁)

表（六）CM power 廣告訴求強度分析表

產品廣告訴求		絲逸歡	沙宣	潘婷	海倫仙度絲
認知強度	1. 大標題吸引力				
	2. 廣告內文致命力				
	3. 廣告拍照魅力				
	4. Character 或主角魔力				
	5. 品牌、標準字生命力				
	6. 企業名稱勾引力				
A、平均值					
感動強度	1. 會去關心，感到有趣				
	2. 能從中獲得安全、快樂				
	3. 印象強烈				
	4. 氣氛很美				
	5. 有人間味、親和力				
B、平均值					
助銷強度	1. 廣告上說的，我全知道				
	2. 我用了，會給我不一樣				
	3. 我滿信賴這家公司和他的...				
	4. 看了這廣告，我很想買下				
	5. 看了廣告後，非買不可				
C、平均值					
訴求強度總分（A+B+C）					

三、如何知道自己的 CM POWER 是否優於其他對手？

HOW TO 分析

1、先造表（如同表（六）格式）。分別填上你的對手品牌於右上方。

2、然後藉種種調查方法（或街頭訪問）（或小組面談方式）去問受訪者，問他們對這十六因子看法。

3、每一細項個別總分為 5 分。如大標題吸引力上，某品牌最厲害，則給它 5 分。如果一品牌根本讓人家記不得大標題，則給最低 1 分。

4、當認知強度中六項數字總合產出後，就自然得出它的「加權平均值」，再將該平均值填在 A 欄的任一品牌下。

5、感動強度、助銷強度算法，亦復如此。

6、當所有品牌的 A+B+C 產出後，自然會產生高低落差。

7、所有品牌中「訴求強度總分」最高者代表它的 CM 是最叫好又叫座的。

8、分數最低者，也可從是項分析出爐後，逐一補強瑕疵外，逐漸提高自己的強度。

筆者之所以捨棄一般廣告書籍上的 Adertising Plan 格式，而花很多時間在「CM power」、「品牌個性塑造」、「事前、事後效果測試」這三大重點上再再補強，係希望所有策劃者都有「未雨綢繆」心，都能一搶灘就成功。

● Character 的立體戰爭

　　尤其是最近幾年來，Character 的發展，已有愈來愈立體化趨勢。在早期 Character 頂多被使用於平面廣告作品或一些 CM 中。然隨著創意陸續顛覆廣告遊戲規則後，Character 也開始走上商品包裝。當消費者隨手拿起一瓶易開罐咖啡後，罐上的偶像、大明星、動物主角，名人 ...... 等也可能在跟您親切的問好，希望您當場買下它。

　　Character 這個字原本係指電影劇中人所扮演的特殊角色而言。如「梅爾吉勃遜」在「英雄本色」中的演出，或指「廖峻」於電視劇『施公奇案』中的施仕倫角色而言。而廣告領域中的 Character，特別是指哪些替廣告主擔綱演出漂亮腳本的「名模」或一些可愛卡通造型。

一、Character 上了包裝　勢如破竹

　　像早期香吉士飲料所創造出來的「小青蛙」，或像乖乖食品所猛打的那位「矮槍俠」。或像金蜜飲料 CF 中的「白冰冰」角色等，都可算是成功塑造個性獨特的 Character。

　　當這些可愛的、滿有個性的卡通人物被塑成與商品「屬性」接近時；或廣告商在大明星身上也同樣發現了某些商品的「韻味」、「個性」時，廣告商自然會將商品與 Character 巧妙來個串聯，然後出擊。

　　而類似這樣連袂出擊後，對銷售幫助有多大呢？

1、以日本的「朝日飲料公司」找上「歐力士」（職棒隊名）的「一郎」為例，他們在紀念創業一百一十三年時，大膽以這位年薪排名第一的職棒明星實際打擊照片，印到易開罐上，獲得了空前勝利。

2、而「大塚食品」旗下所屬 Character 之一的櫻井幸子，也因一張彩色近照被印上了「夢咖哩」（調理包名），同樣打了一場漂亮搶灘戰。

3、「金城武」這位台籍大帥哥，雖然還未正式被日本廣告主「如法炮製」宣傳，但最近他替「生命信用卡」代言後，也同樣令甚多日本 Y 世代，為伊瘋狂。

4、該公司所出產一系列「急凍包」（鎮痛、冰敷、冷凍之用）包裝上，都清楚印上這隻造型特殊、表情十分 Cute（可愛）南極企鵝。「冷·凍」的屬性，很自然就在「急凍包」與企鵝間，搭起創意橋樑了。

5、美國企業呢，他們更是逮著麥克·喬丹這位大紅時候超級巨星大肆宣傳。像是打著 Michael Jordan 旗幟，或將他本人照片印上食品外盒，或印上球鞋，或印上各種不同調性的香水盒......，多種 Character 上包裝方法，也陸續出現在各行各業裡，炒熱了 Character 市場。

二、國內頗受刺激　多想依樣畫葫蘆

正當全球開始瀰漫這股「立體化」潮流時，難免也會給國內企業帶來若干程度刺激。他們能依樣畫葫蘆成功嗎？

「想」當然是比較簡單，要執行順利嘛，恐怕就困難了。因為，在 Character 未正式走上包裝時，光是「屬性」、「個性」串聯就滿勞民傷財了！

三、廣告歌曲魅力放送祕法

Ray Charles 雷·查爾斯這位舉世聞名的爵士鋼琴家曾說過：「用心

185

體會音樂是蠻重要的一件事。此外，你還必須認真地感受、相信它的魅力！」

　　的確，音樂的魅力是眾所皆知的。尤其在商場中，它更常常被用來拉近消費者距離或專門卸下他們心防之媒介。像不少美日大型購物中心裡所播放的 BGM 背景音樂，都是經廣告音樂創作家所精心寫曲、編曲而成。當這些音樂悄悄由偌大建築各個角落放送出來後，說也奇怪，進來的客人個個都像著了魔似的，不是拼命拿信用卡出來刷，就是大包小包的將戰利品拎回。

　　而廣告音樂在一般廣告影片中應用也非常地廣，從化妝品、汽車、房地產到公益廣告或政府機關法令宣達，都可找得到它的芳蹤。

　　通常廣告音樂會呈現底下三種不同型態，來溫柔 Touch 它想滲透的目標對象群。

1、純創作

　　這類型廣告歌通常都是由廣告影片製作公司或廣告公司直接發包出去。不少自由寫曲人則根據 CM 劇情需要，或全新替商品造型塑像。純創作型廣告音樂通常其內容與一般歌曲的「調性」tone 都是不一樣的。像金蜜蜂冬瓜露、黑松沙士、波爾口香糖、莎莎雅飲料 CM song 皆屬純創作樂曲，曲風明顯與流行樂曲不同。

2、改寫／改編

　　有些廣告公司可能礙於一些知名歌曲之詞曲版權費高昂關係，往往會要求一些音樂人，直接拿某首中外名曲稍加改寫或用更好編曲方式詮

釋它。如果音樂人有辦法「閃、躲」的話，原創者確實難抓到把柄。而有些製作公司倒不盡然全為節省拍片費用去新編曲子。反而多半是為塑造更佳意境，遂賦予原曲新的詮釋。像夏艷飲料的稍改、稍編即是一例。

這種型態實則包括「古典現成」、「現代現成」兩種風貌。前者如命運交響曲、青春頌或孟德爾頌的「結婚進行曲」......等。如果廣告主選搭「現在現成」音樂，理所當然必須付給原創作者或唱片公司「著作權使用費」，才不至於吃上著作權官司。如果是搭古典現成樂，雖然不用付費給貝多芬、舒曼或莫扎特（乃至其後代家屬），但支付對方（指錄音公司或唱片公司）一些「錄音著作使用費」或「演奏著作使用費」，那絕對是合理的。

3、一台 keyboard

廣告主或廣告公司在運用各類型音樂搭上 CM 時，除了應盡量避免觸及著作權侵犯外，對於純創型 CM song 發包，一樣可以達到節流目的。如何杜絕浪費呢？

一台鍵盤樂器 keyboard 就可以搞定了。只要是音樂人擁有一台具一二八種 General Midi 機能鍵盤樂器，即可將 CM song 做得盡善盡美了。廣告主再也不需大費周章，又是請來十八人組管弦樂，或租用龐大錄音室錄個數天數夜折騰、製作。既省時、省力又趕上時髦列車。也是足以讓聽眾一飽電子樂耳福。真的，一台 keyboard 絕對可以搞定所有的 CM song ！

第十三章
宜興紫砂壺搶灘法

紫砂『壺裡王』，銷量『拼回甘』！
『一壺侍一茶』口號喊出後，7大老揭開行銷序幕戰。
賣點再加多，售價再拉高，年產量逾300萬把，銷售破
750億的紫砂壺裡，它上演的是甚麼精彩戲碼？

位於宜興市，擁有世界頂級泥礦雅譽的黃龍山，自從中國頒布禁採令後，理論上應該是制壺泥料短絀，紫砂壺產量也跟著減少才對。事實卻相反，紫砂壺不但年產量邊增。就連甚多國寶級製壺家作品身價，在國際拍賣會上，也跟著連翻數倍。

其實耀眼成績背後，都要歸功於推動整個產業四大環節，包括紫砂七大老、民間藝人、網購業者、和E化行銷代理商等。由於彼此合作無間，遂成功將紫砂壺推向全世界。

● 24 個賣點 致命又難擋

看似平凡紫砂壺，究竟是如何被注入藝術生命力，讓全球藝品蒐藏家樂此不疲追逐？如何讓兩岸壺癡，一把又一把購回把玩？其賣點 unique-selling-proposition 如何被創造出來呢？

賣點 1、七大老領航

包括任淦庭、裴石民、吳雲根、王寅春、朱可心、顧景舟、蔣蓉，共七位，作品曾賣出數千萬甚至拍賣會中成交金額破億元，也是紫砂壺界公認大老。自從江蘇省人民政府任命他們為紫砂技術輔導；交託參與宜興紫砂工藝廠教學跟生產重任後，從此七大老傾囊相授上千門徒，才有今日全球發光成就。只要是以七大老親戚，或嫡傳弟子之名的作品為賣點，往往壺都還沒正式出爐，很快就會被收藏家訂購一空。

賣點 2、國際拍賣會

　　利用國際性拍賣會向全世界宣揚紫砂壺成就與身價是一石多鳥之計，每每蘇富比或上海金堂拍賣公司拍出了大師作品新天價，全世界媒體立刻會自動做免費宣傳。再也沒有任何一種形象升級法比拍賣盛會加持來的更經濟實惠。

賣點 3、建立新品牌

　　基本上紫砂壺作品品牌可分為兩大類。一個是個人品牌，制壺老師直接將名字作為工作室名稱（或自營商店名）。另一種是企業新創品牌。由企業主與多位工藝師簽約合作，行銷他們的作品。以目前壺癡依然崇尚名家作品為主趨勢來看，企業品牌賣點說服力，比起甚多實力堅強個人品牌，會弱些。

賣點 4、拉裙帶關係

　　業界運用最廣的賣點塑造法就是「拉裙帶關係」。比方制壺者是國寶級大師的孫媳婦。或是國家級工藝師的嫡傳弟子，諸如此類攀親引戚也有說服力。

賣點 5、雙高手合制

　　通常紫砂壺作品都是由單一個老師傅所完成，偶有高階工藝美術師找來好友共襄盛舉，聯合創作作品的身價就會因具有話題性，價碼被抬高。

賣點 6、訂製需五把

　　從超跑製造商行銷法中，宜興業者成功複製了量身訂做祕法。網站上知名制壺家到鄉間藝人，都有 Order made 專屬服務，客人只要付得起，就可隨心所欲將構想壺型，雕刻圖案透過制壺老師忠實呈現在眼前。通常老師傅接量身訂製壺意願並不高，原因很簡單。純手工作品需要花更多時間完成。如果委託製壺量沒有個 5 到 20 把，委託人很難如願。

賣點 7、收藏兼投資

　　常會看到某工藝師作品具增值潛力的相關報導，強調今天收藏，半年後必然增值 20% 或 50%。要不就是宣傳某某大師年事已高，將不再制壺訊息。通常以「最後一批少量精品，晚來就沒了」來做為獨特賣點，穿透力最為驚人。

賣點 8、數位行銷法

　　電腦技能純熟工藝美術師，利用臉書發表新作品；而不熟悉網路操盤老師，也多會請自己親友幫忙拍攝，將作品特色拍成影片，上傳 YouTube 或網路平台等宣傳。而制壺老師可以跟粉絲線上交流暢談，諸如此類貼心售後服務的賣點，最受女壺友歡迎。

賣點 9、網購心理戰

　　網購業者習於招考女性線上銷售員來推銷百家作品。通常壺友進入

平台瀏覽成百上千種壺款同時，女銷售員就會立即與壺友，進行聊天式推銷。高階線上推銷員往往能藉聲音魅力，熟練推銷技巧，讓遠在千里外國外壺癡，付款下訂。她們的談笑用兵戰略（快速判斷出客戶層次，提出不同銷售主張）就這樣悄悄遮掩了壺的弱點。

賣點 10、泥料裡目數

業界最常用賣點就是他們的泥礦等級，跟土胎目數多寡訴求。泥料有底槽清、本山綠泥、紫茄泥、降坡泥 ...etc 好多好多。用料愈高檔，壺的售價跟著高。而泥胎的目數 40 或 80（汰過網粗細程度）賣點也會自然區隔出不同層次客戶。

賣點 11、好名帶好運

送長官升遷、祝賀親友生日，款式典雅，質感高級的紫砂壺同樣受到歡迎。作品刻上節節高升字樣，或送一把名為和氣生財高檔壺給從商好友，情誼也有加分效果。

賣點 12、彩繪化妝師

素面壺上彩繪了象徵富貴牡丹花朵或心曠神怡山水景緻，往往更容易引起注意，能提升購買慾。

賣點 13、老師也直播

通常重量級制壺大師名聲已經很響亮，不須再拋頭露面出現於臉書直播畫面，倒是甚多想快速出頭天老師，就會在商家邀約下，來到店裡親自介紹作品特色。利用動態影像傳輸方式，讓壺友更清楚看到作品優點，已蔚為趨勢。

賣點 14、老實心安牌

在客戶面前秀出紫砂壺通過多種檢驗，有 SGS 證明為憑，其說服力遠勝於店家千言萬語自誇礦泥不含重金屬。而民間藝人善用關鍵詞keyword 以：三代制壺，老實做人，誠實制壺，絕不作假壺害人等宣傳法出現在部落格，都是強而有力賣點。

賣點 15、純手工稀貨

強調制壺全程都是老師 100% 親手創作，不用機器輔助，絕無灌漿。看得到壺底太陽線，推牆刮底痕跡。以純手工完成作品，強調產量稀少，泡茶更好喝，更具未來增值性做賣點，令極端挑剔的壺癡，也難抗拒。

賣點 16、上百出水孔

鑒於早期壺的單孔（壺內）設計，容易造成倒出茶湯不順現象，部分商家推出數十孔，甚至多達 120 氣孔新作品作訴求。水孔呈放射狀或直線排列賣點，往往也容易打動壺友。

賣點 17、得獎增值快

以得獎就是一種肯定，得過獎賞愈多的老師作品，身價也逐年會被提高，這也是商家慣用的銷售主張。

賣點 18、快遞跑得快

負責運送紫砂壺到海外國際快遞公司，在紫砂壺產業扮演極重要角色。業者強調今天下訂單付完款，明、後天寶貝必送達賣點，也是創新賣點。（由中國直送台灣也是一樣這麼快）

賣點 19、企業一條龍

也有不少企業看準紫砂壺前程似錦，乾脆將生產線、行銷線整個串聯起來。從泥料採購，跟工藝美術師簽約制壺，雕刻彩繪加工 ..etc，以一貫作業方式，全部包辦；讓買家有一次購足喜悅，也覺得更安心。

賣點 20、高價高品味

以往只有國寶級制壺大師作品才有數萬元，甚至上億身價。但近幾年，即使只是民間藝人單一作品都可能賣到上萬元。他們用陳腐數十年老泥，再加上名氣大彩繪老師畫龍點睛功夫，就可讓原本光貨（素面）身價再提高三、四成之多。

賣點 21、一輩子保真（保固）

即使只買一把數千元高檔壺，一些商家同樣承諾壺友終身保真服務。
買到假貨，二話不說，賠償 100 倍損失。

賣點 22、支付寶超商

壺友心儀網站上各樣作品後，在以前想擁抱它都是要經過銀行匯款
到商家帳戶。匯款程序繁雜，要填一些相關資料，還得付數百元不等手
續費。有了支付寶適時提供跨境直接支付服務，買家僅須在筆電或智慧
型手機上，輕鬆點幾下，就能完成線上支付。或在各便利商店付款領貨，
方便的行動支付，的確是網購商家營收蒸蒸日上關鍵所在。

賣點 23、木片藏證書

以往壺友發現買回去寶物竟然是假貨
（不是名家作品，品質也讓人不敢恭維）
後，憤而向商家求償。也因此之故，商家
為挽回商譽，轉而向制壺老師要求提供親
自簽名證書，避免無謂之爭。近年來就有
位得獎無數，頗有人氣湯先武女工藝美術
師，自行將證書封面跟封底改用厚竹片，
還刻字在上頭，讓作品顯得更尊貴。

＊湯先武紫砂壺一向以得過十餘獎
項，作為自己賣點。

賣點 24、逗趣新造型

如果新壺款式依舊停留在傳統石瓢或西施或水平壺，標準壺式樣，蒐藏家一再收藏機率很低。為討好年青世代茶癡，市場上陸續出現主題風趣創新壺。有的款式看上去就像迷你超跑流線造型。更有所謂「裸女紫砂壺」。在壺把位置可清楚看到高 7 公分一絲不掛跪坐雕塑女人，一時間，壺把似乎變成鋼管舞小道具。在您品茗同時，還可雙眼吃到冰淇淋。以性訴求方式切入市場，賣點獨特也最容易引起話題。

教你用井欄壺泡普洱茶，扁西施壺侍奉鐵觀音，石瓢壺泡大禹嶺茶。還有網站裡新壺照片修飾雍容華貴向壺癡大拋媚眼 ... 諸多紫砂壺行銷戲碼，您看出它的創新思維否？

第十四章
13 個超高調 超跑搶灘行銷法

　　快樂是甚麼？是每天可以坐擁金山，抱著花花綠綠大鈔，進入夢鄉？還是可以駕著私人小飛機，飛越崇山峻嶺，翱翔天際？或駕著豪華遊艇，乘風破浪，讓大海分享你的事業成功喜悅？

　　或許大部分讀者會說，想擁有這些頂級快樂，如緣木求魚，距離太遙遠了。

　　不過你先別難過，前述超級富翁快樂方程式，或許你還沒找到正解；但你還是可以藉著以下方式，來洗滌煩囂心靈，過過超級富翁癮。

　　如果只需花些小錢，讓你可以在一天之內，先後開著五台馬力強大、也是地表奔馳最快的超跑，拉風地馳騁在方程式賽車專用場地，大馬路上，你願意嗎？

　　然而這些都將不再是夢想。在國外，已經有數家超跑製造商跟高檔租車業者，推出這樣頂級服務。你只要透過旅行業者代辦，就可以不到20萬台幣代價，在他們精心規畫套裝行程內之內，享受到精緻『開到飽』服務。你可以在短短數天之內，分別在有名的專業賽車場，親自體驗價值七千多萬台幣阿斯通馬汀 DB9、經典保時捷 911 渦輪增壓 Turbo、朋馳 AMG 跟法拉利 Ferrari F430 F1，與瑞典科因賽格超跑快意奔馳臨場感。

● 頂級服務

行程第一天早上九點，所有來自世界各地參加者，離開下榻旅店後，一個個都變成了可以享受到尊榮服務的超跑皇帝。首先這幾位皇帝，馬上被一台台外型搶眼，豪華超跑接送到一座一望無際超跑專用場地。他們下了車，就會被現場一字排開數十輛多國超跑畫面所震住。

在那些專業方程式賽車場中，也早就為參加超跑主題旅遊團團員，聘請到專業方程式賽車駕駛教練，來指導團員，如何掌握最安全、最舒適駕馭訣竅。通常這類超跑專用場地至少都有 480,000 坪大（約 400 家大型購物中心規模），絕對夠所有參加者同時駕著超跑，現場體驗 0～100 公里加速血脈噴張速度感。而且包括超跑抓地力，過彎與駕駛座操控整體感，跟車子性能等等，也都會在這專業大車場，忠實地呈現出來。

經過上午三小時實際體驗，包括專業教練隨車指導，與參加者獨自駕車體驗暫告一段落，很快到中午快樂用餐時刻。參加者也多會利用這難得聚會時間，在豪華旅店的大餐廳中，邊享用美食，邊相互切磋致富門道，或彼此交換未來可能購買那些超跑心得。

而事實上，包括旅行業者跟名氣響亮超跑製造商，共同提供特別服務，更無微不至。整個套裝行程費用除了提供超跑賽車場專業研習、實際操控這些地表最快的超跑外，還包括了：

1、遠道而來者，機場來回專車接送
2、安排住宿豪華旅店
3、配備專屬管家

4、提供精緻餐點

5、優先享有購買各家廠商新車權利等等。

幾天下來，都讓團員覺得雖然花了二十萬元，但還是覺得物超所值。

也有一些旅行社，會配合著超跑製造商行銷策略，以參訪超跑故鄉為主題，招攬來自世界各地超級富翁，前往德國寶馬汽車廠，或英國阿斯通馬汀汽車裝配廠，義大利法拉利等等車廠參觀，並順道遊覽附近著名景點。

這些看似跟超跑無關促銷法，其實才是所有超跑車商厲害之處。

＊有錢也不一定買到的 supercar；卻是超級富翁樂於追逐高端寵物。

● 行銷技巧 13 招

車商除了會經常運用前述套裝研習之旅，儲備所謂的『口袋名單』（建立潛在客戶資料庫）行銷技巧外，其他像：參加世界各地超跑大展，或車商可以完全依照車主需求，去量身打造世界獨一無二極品超跑；或經由 cross-branding 交叉品牌烙印，發展出名牌超跑周邊商品（如保時捷馬克杯、法拉利鑰匙圈）行銷法，都值得所有商品企劃者學習並加以活用。

底下僅將超跑車商常用的技巧做全盤整理解析：

一、超跑大展＼總公司＼經銷商＼車主自辦

1、展覽會 - 國際大型車展

雖然超跑算是高檔藝術品，不過其行銷手法卻與一般消費品，有很多的不同。

我們就以最常喝的可口可樂為例，當他們推出新口味商品時，通常是得花大錢，藉助電視媒體密集插播，以排山倒海廣告量來搶灘市場。想爭取到免費宣傳廣告？不太可能！因為所有媒體都知道，愈是有名商品，其公司財力也愈雄厚；名牌商品花錢宣傳時，自然不會手軟。在此前提下，幾乎所有媒體，都會設法向他們爭取更多宣傳預算；不可能讓他們享有免費宣傳機會。

然而超跑就像天之驕子，每每在他們推出新車款時，就能獨享大量免費宣傳福分。而福分指的就是，新款超跑開始在國際性大型車展曝光後：

＊全球數千家電視台在新聞節目中，採訪製造商 CEO；或對車展深度

廣度報導。

＊世界各地與汽車最新動態相關網站，或汽車雜誌，或部落格大幅度評析報導。

2、車主自辦小型展覽

　　第二種行銷方式係由超跑車主主辦，而由總公司特別撥出專案經費，從旁協助。這類戶外型車展，似有愈來愈受歡迎趨勢。通常這類型展覽所展出超跑數量，都在上百輛以上。特別是在所有參展超跑成一字排開時，氣勢更為壯觀。

　　就曾有某企業大亨購入 1964 年法拉利骨董跑車魯索 250 GT Lusso 後，他向法拉利總公司申請個人名義舉辦超跑派對（其實還是車展）首先由總公司提供了當地所有曾購買法拉利車主相關資料，然後再經由主辦人逐一邀請他們參與這樣盛會。

＊註：全球主要十二大車展

  1. 荷蘭阿姆斯特丹車展 The European Road Transport Show
  2. 美國底特律車展 North American International Auto Show
  3. 比利時布魯塞爾車展 Le Salon de
  4. 西班牙巴塞隆那車展 Salon International del Automovil Barcelona
  5. 美國芝加哥車展 Chicago Auto Show
  6. 加拿大多倫多車展 Canadian International Auto Show
  7. 日本東京車展 Tokyo Motor Show
  8. 法國巴黎車展 Paris Mondial de l'
  9. 韓國首爾車展 Seoul Motor Show
  10. 英國倫敦車展 British International Motor Show
  11. 德國法蘭克福車展 International Automobil-Ausstellung
  12. 瑞士日內瓦車展 Geneva International Motor Auto Show

　　舉辦者不是在自家大城堡前面廣場就是在著名觀光景點將所有車主愛車全部亮相，讓車迷或正有意購買法拉利準車主了解超跑性能。這種小型規模車展往往也能收小兵立大功奇效。小車展經過很多過來人（已經購買法拉利超跑者）現場操控解說後，準車主很容易因原車主推薦某一車款而動容，直接向總公司下訂單購買。

　　另外；主辦者為了塑造車展更高雅氣氛，都會聘請一些室內樂團在展覽會現場，演奏古典或爵士樂曲或聘請法拉利歌手 RichardLord 現場演唱。前一陣子全球流行澆冰桶造勢，也立刻有車主搭上此潮流。沖冰桶水不論活動創意如何，還是會有並不會因規模小而失色，重點是車主得以自由交流，或當地經銷商全力支援車展。

例如：比利時車展

　　我們就以比利時布魯塞爾車展 Le Salon de l' 為例說明。雖然其規模無法跟歷史最悠久規模也是世界最大的德國法蘭克福車展相比，但在車壇還是具有影響力。

　　英國阿斯頓馬丁車廠，就曾為了盛大慶祝他們建廠一百周年，特別選擇比利時布魯塞爾汽車世界博物館作為一系列高檔超跑宣傳主場，車展當中阿斯頓馬丁也史無前例展出了約 40 種不同的車型。光是其中那台 1925 年所生產的拉宮達老爺車 Lagonda DP 21/15、還有賽車 Vantage GT3、比利時錦標賽贏家 BRCC 2014 車型就價值連城。此外，像他們 One-77、DB2/4、DB4、佛蘭提 DB5Volante、泛奎希 Vanquish 車款等等，都是經典中的經典。

　　一般來說，規模大的製造商，其展出場地面積都在 2,000 多平方公

尺以上，有的還甚至大到 1 萬多平方公尺。光是租借場地一天費用，就高達 200 萬台幣。一個星期下來，可能就得花上千萬台幣。相較之下，如果是中小型規模車商，其展覽預算就經濟多了。

　　為了避免製造商之間彼此發生糾紛，主辦單位都會嚴格要求製造商共同遵守以下參展遊戲規則：

①包括車外觀、內部裝潢、或儀錶板、座椅、駕駛台、可以浮起的方向盤等等，還有像是車款命名；引擎或任何結構部分，沒有智慧財產權糾紛。

②車廠必須完全擁有自主產權（沒有跟銀行抵押或是已經變成法拍車）。

③須有新車款推出（不是展示過時的車種）。

④參展者在市場中，已經擁有很好口碑。

◎創意成交

　　話說回來，在車展中超跑促銷跟高檔化妝保養品行銷手法確實有些雷同。販售高檔保養品廠商，永遠也不可能放下身段降價促銷。頂多會送給消費者一些貼心贈品。超跑也是如此。前面此書已經提過，即使你帶著一只超大行李箱，裡頭裝滿千元大鈔到超跑展示中心購買，也不一定能如願。

　　然而超跑展售會中也同樣常看到這樣促銷法，一樣能討準車主歡心，讓車商順利獲得一張張的訂單。像是：

1、日後到充電站充電或加油站，享有若干優惠。

2、免費加入超跑俱樂部，無需繳交昂貴入會費。

3、針對目前依然是單身車主，提供他們未來結婚時，超跑車隊迎娶貼

心服務。

4、未來進廠做例行保養時，想有特價優惠。

5、購買周邊商品特價優惠（像是咖啡杯、高球衫、行動電話、全套方程式賽車服......）。

6、免費前往義大利、法國、西班牙等地，參訪總公司如何製造出高檔的超跑。

◎正妹催情

不論中外，只要有舉辦汽車大展現場也必然會看到有著高挑身材與天使臉龐 showgirl 正忙著擺 pose 讓來賓拍照著；固然這些香車女郎對現場促銷幫助有限（現場解說、締結合約、負責收受訂金事宜，多半還是得靠專業銷售顧問代勞）然而我們若再仔細看她們裝扮的話，還是可以清楚看到 showgirl 手臂上有超跑製造商 logo 圖案，而環繞脖子也是金光閃閃 logo，就連她們所穿的短俏倒乳裝色系，和超跑公司 CI 色系一致。

二、低價開發╲Nissan GTR

前面提過超跑製造商已經將車子定位為高檔藝術品，也必然會運用高調行銷策略來塑造自己優良形象。是不需要，也不可能降價促銷的。

儘管所有超跑製造商都有這樣的共識，然而殘酷的市場競爭當中，雖然業者彼此都挖空心思造勢或尋找客戶，然而這些現象僅會出現在中高、高價位市場而已。（指售價 3 千萬台幣以上車款市場）往往當局者迷，旁觀者清；幾乎所有製造商將焦點聚集在自己開發成功超跑同時，卻忽略了中、中低、低價位市場其實還是空著，因此才會讓競爭對手覺得有

機可乘。

日產超跑 NissanGTR 研發上市，就是最明顯的一個例子。

我們光從它售價訂在 600 萬台幣點分析，就可明瞭。一台歐系或義系超跑，動輒數千萬台幣；日產汽車公司就是觀察到千萬元以下價格帶中空，遂積極進行卡位。而創業歷史悠久，也享有不錯口碑的保時捷超跑，其價格帶從 250 萬台幣（macam 車款）到 1000 餘萬的派那梅拉渦輪 Panamera Turbo S Executive，分布甚為平均，日產超跑 NissanGTR 定價 600 萬適好介於中間。

三、油電雙混

在一般人想法當中，電動車跑起來還是不如汽油燃料那麼快吧；然而真相並非如此。由於油電雙混（混和動力）超跑除了搭載原本的燃油引擎外，還多加了強力鋰電池電動馬達，其強悍性能連賽車專家都嘖嘖稱奇。像採用油電雙混設計的保時捷 918 Spyder 就是一例。它從 0 加速到 100 公里，只需要短短 2.5 秒。

有了電動馬達額外支援，為車子的可駕馭性增色不少，尤其在四輪驅動上，增進車子動力，呼嘯而過，極速引爆跑車迷熱情，但更值得注意的是，918 Spyder 其實是一台油電混合車。如何降低二氧化碳的排放量，目前是汽車產業最大的爭辯點，油電混合車未來會是非常重要的一部分，讓你在都市內可以完全仰賴電子動力，但在長程駕駛時，又能切換成另一種模式，不需要換車。

四、架構長用

通常美國好萊塢片商為了降低營運虧損，都會找競爭對手合資拍片。而超跑製造商為了降低製造成本增加利潤空間，也會採取單一架構引擎一用就是十年策略 Tuatara 這個名字的靈感，源自於一種同名的恐龍的直系後裔，擁有著世界上進化最快的 DNA，而作為世界上最傑出的超跑製造商之一的 SSC 亦復如是。Shelby 表示，大多數製造商在生產汽車時，實質上同一款基礎模型會使用長達十年的時間，每年只做細微的調整和改進。

五、電影置入

超跑常與電影掛勾聯合演出，無論是警匪追逐動作片、男女羅曼蒂克戀情或是懸疑推理連續殺人片子，都是很好的道具。超跑製造商付給製片商數千萬美元不等宣傳費，就是希望藉著新片上映全球曝光。吸引更多人購買。對製片商而言，他們很輕易找到贊助者分攤拍攝費用，也不需再多花錢租借道具，不但是一石二鳥之計，同時也達到了魚幫水，水幫魚完美目的。

六、冠軍加持

一般消費品會找名人背書或專業領域頂尖人士強化其競爭力是很稀鬆平常的事。超跑車壇也不例外。製造商更相信只要找來得過世界大賽冠軍賽車手背書，無論是直接將賽車冠軍手大名冠上超跑，或像找好萊塢巨星實際開著超跑穿越林蔭大道方式，都會對新車銷售有很大的幫助。

像 lemans 賽事名稱就曾請拿下多次方程式賽車世界冠軍的名車手代言。

七、量身訂做

隨著消費個性化時代來臨，重型機車可以依照車主喜好去做特別色烤漆，引擎部分也可以渦輪增壓讓它變成雙輪超跑，專業量身訂做超跑業者絕對可以滿足超級富翁需求。只要錢預算天文數字，你想讓車頭來個水瓶星座形狀，或你想讓超跑前二後四跑胎，或想讓超跑瞬間升空飛行，都能如願。

八、論月包租

對絕大多數人而言想擁有一台價值數千萬元的超跑根本是天方夜譚。而聰明製造商就想出了這個點子，透過五大洲地區租車商通路，將甚多經典超跑出租給廣告片拍攝公司、電視公司當道具，而特別是新人結婚日子，還有高階主管租來當代步工具，或租來追女朋友，租出去的車愈多製造商的曝光度也自然會增多他們何樂而不為呢？

九、交叉烙印

雙牌連烙印票房良藥？

記得在前一陣子，曾經有一家國外調查 SRS 機構研究發現：雙牌烙印 Co-Brading 策略，它並不是票房良藥！言下之意，即使各牌聯手出擊，它的結果還是有可能令人跌破眼鏡。在該調查中，發現這樣事實（樣本

數 30,000 人針對在日本一般上班族）：

＊有80%受訪者表示，他們偏好新力＋伊斯特曼，雙牌烙印式的數位相機。

＊另有 20%首訪者亦同時表示，如果相機上只印著新力品牌的話，還是可以接受的。

柯達＋新力，兩個品牌聯因例子說明了，即使是超級品牌如果都各自為政，單打獨鬥的話，給消費者的信賴感恐怕還是極為有限。調查結果是如此，然而 Marketing 實務上，結果亦相去不遠。

AT & T 美國電板電腦公司與英國電信公司 British Telecom，在 1998 年就曾演出品牌烙印一類似策略結合後，兩家營業額大大虧損，當年還跌破專家眼鏡，這兩家門當戶對企業，不堪巨額虧損，終於在兩年後，宣佈終止聯合烙印計畫。

為什麼失敗了，歸結原因係出在等值關係（equal value）認知，再者，彼此的 brand relation 品牌關係也未讓所有客戶了解，了解雙方為什麼要簽下金石盟？AT & T 與英國電信集團結合後，究竟是 AT & T 想創造一個全球性電信網路？還是英國電信集團想締造一個跨國品牌？還是要製造販賣高先進科技手機到很多國家？

然而，結論都非如此，在他們正式聯手後，彼此商品線既未加深也未加寬，殊為可惜，只是虛有其表的合作罷了，那麼 Co-branding 實質意義是什麼？

Co-branding 應該建構於以下 3 個價值水準上：

1、機能性價值

洗衣機有單槽，有雙槽；鍵盤樂器有General-Midi有PCM音源設計，那你的品牌合作關係它提供消費者什麼機能？什麼價值？

2、表現價值

烙印後的品牌表現出什麼樣風格？是儉樸？是風華絕代？是妙不可言？是溫文？是儒雅？還是層次感分明？

3、中央價值水準

品牌合作關係，以及客戶間共享哪些實質內容？共享繁榮？共享快樂？共享淚水？

事實上 Co-branding 能不能成功，關鍵點與以上 3 大要素有很密切關係，如果兩大品牌所屬公司合作之先有這樣共識，那未來的路，會較平坦些。

Co-branding 看起來似乎簡單無奇，只有兩造合作關係存在；但這好比門當戶對的俊男美女或有才華的戀人，一但結為連理後，誰也不敢拍胸脯保証未來婚姻生活必定美滿，對吧！認真來看，品牌其實就跟你、我一樣，它們會不同價值觀迴異，自然會讓往後婚姻生活更詭異多變了。

特別像是台灣的離婚率接近 35%，與雙牌烙印結果，可能不謀而合呢！的確，面臨一個樣式多變，處處不勝寒，行銷冰河，如何靠著一葉扁舟完成破冰之旅，實需要明智抉擇呢！

十、拍賣盛會

雖然超跑拍賣會現場面積遠不如世界著名的汽車大展來的大，參與

人數無法相提並論。往往成功拍賣出天價後，馬上會有 100 多國電波平面媒體替它免費宣傳。超跑製造商不需花費任何一毛錢就能以這台目前拍賣價最高的為例，公司形象大大提昇就連車價也是跟著水漲船高。

十一、形象網站

為了拉抬製造商形象，為了讓更多人對於超跑有更深的認識，公司會運用很多行銷技巧，讓網站發揮小兵立大功效果。有的則將歷年來生產過的車型作完整介紹證明，他們製造技術非常專精唯有他們的團隊才是世界第一。有的則是頻頻發布世界著名賽事相關報導，並很驕傲將自己得過哪幾次世界冠軍影片放進網站讓全世界人欣賞。

十二、引擎他購

大多數製造商在生產汽車時，實質上同一款基礎模型會使用長達十年的時間，每年只做細微的調整和改進。

十三、主題樂園

阿布達比 FERRARI 樂園

Tuatara 這個名字的靈感，源自於一種同名的恐龍的直系後裔，擁有著世界上進化最快的 DNA，而作為世界上最傑出的超跑製造商之一的 SSC 亦復如是。

主題樂園中：

1、有世界最快雲霄飛車。

2、最先進 4D 體驗設施。

3、F1 Paddock 互動體驗賽事監控。

4、Ferrari 法拉利超跑創辦人恩佐法拉利 Enzo Ferrari 的傲人歷史。

5、體驗 V12 引擎高速運轉的情境。

佔地 20 萬平方公尺，號稱世界第一座同時也是世界規模最大的 FERRARI 主題樂園，已於 2010 年 10 月正式營運而有著紅屋頂奢華圖騰的整體外觀正是 FERRARI 最亮眼的招牌。這座 FERRARI 主題樂園位於最近超熱門地點。

第十五章
企劃顧問是腳前燈，路上的光

　　某個仲夏夜晚，一位飲料連鎖店董事長，特別從台中趕來參加第一次新商品導入市場重要會議，在台北市的一家連鎖店跟企劃顧問與公司秘書三巨頭密商如何將連鎖店裡的一種芳香茶飲品，要導入大眾通路，讓更多人能狗直接在便利商店就能買得到，而且售價又比連鎖店裡還要便宜。這位智慧過人董事長聽完顧問簡報後，當場決定雇用他來主導整個新商品搶灘活動。

　　這位顧問也欣然接受董事長所提出聘僱金額為每月六萬元好禮。顧問負責主導所有搶灘計畫，每個禮拜固定跟董事長、秘書與行銷經理研擬所有搶灘計畫，拍板定案後，顧問當場敲出交搶灘計畫案時間點，就這樣整個專案攻堅計畫秘密展開。

　　由於整個計畫幾乎是從零開始，要將商品量化生產期間的困難點長多，顧問所承受壓力可想而知。不料好景不常，顧問交出那份搶灘案後，董事長如獲至寶，在付完第一個月顧問費之後，竟然毀約，不再續約（依規定合約應該是一年期才對）。董事長以為他拿這案子自己去規劃執行就可以，因此大腳踢開顧問協助。

　　沒想到董事長後來真的踢到鐵板，因為新品搶灘細節超繁雜，只要一個疏忽，就可能全功盡棄。他沒相關經驗，卻毅然拒絕顧問從旁協助，後來當然是碰一鼻子灰，損失慘重，後悔不已。

● 顧問實戰經驗 最可貴

為什麼企業體必須有企劃顧問呢？主要目的就是幫商品打通奇經八脈，讓他氣血暢通，才能延年益壽。一個時戰經驗豐富的顧問可抵上一個專案小組智慧，他更能將一些企業失敗案例，將它轉化為策略，補強公司的弱點。並能將所有經營環節一個個地完美串聯起來，當然聘僱前，都得經過思考，並查核以下幾點；作為聘僱參考：

一、顧問網站有實力嗎？

二、顧問實戰著作，發行到那些國家？

三、顧問有寫過報章雜誌專欄嗎？

四、顧問曾經為電波媒體專訪過嗎？

五、顧問寫過的計畫案或廣告創意是否夠犀利？

六、顧問實際策畫過哪些活動，為何成功？為何失敗？

七、顧問須提出公司改革方案輪廓 ......etc

如果上述經驗都有了，聘僱就對了。

附錄
看超級夜總會、冰冰 show，學搶灘

● 看超級夜總會 學行銷

　　一個由歌唱、電視劇雙棲藝人苗可麗、搞笑諧星許效舜，跟多樣演、唱、導演才華澎恰恰三人聯合主持大型戶外歌唱節目『超級夜總會』；其能夠在九年歲月中，屹立不搖台灣，甚至還紅遍東南亞國家地區，究竟是如何塑造出獨特賣點，搶灘成功呢？

一、宗教力加持

　　從 9 年前第一集開播到現在，每次都是跟大型佛、道教廟宇合作或贊助演出；除了舞台超大，攝影機必然帶到宮廟信徒參拜香火鼎盛特寫鏡頭，或呈現出小巨蛋現場，上萬信眾聚集畫面外；該節目也曾多次出現三太子跟電音舞群趣味演出畫面，這些實景都在在證明該節目與宗教掛勾所衍生效益，遠遠超過你我預期。

　　提到宗教影響力，它更遠遠超過我們想像。就以那部好萊塢名片『耶穌受難記』為例，聰明導演梅爾吉勃遜 Mel gibson 跟編劇，早已知悉宗教議題最容易引發世人注意。故意將一些敏感宗教議題，像是耶穌不是聖母瑪利亞所生，耶穌不是受到羅馬官兵審判行刑 ...etc 內容置入影片，寄望引起全球宗教團體批判。因為所有片商都知道這潛規則，只要能獲得批判聲浪愈大，就會對影片行銷帶來更廣泛話題，票房也容易跟著開高走高。

　　超級夜總會行銷主軸完全架構在宗教團體掛勾上，實為其成功主因。

二、新專輯宣傳

其實歌手在唱片公司和經紀人精心企劃下，在音樂專輯搶灘市場同時，出現各種歌唱節目打歌現象一點也無足為奇。只要唱將歌唱技巧有絕對特色，（如許富凱或民雄飆高音或詹雅雯演歌真假音變換式唱法）就容易發片隨著登台表演後，收到相輔相成效果。

該節目多次搭配唱片公司歌手新專輯發行打歌，製造出多樣化宣傳效果，多少也對節目受大眾關注有推波助瀾效果。

三、口號功一流

商品想達到暢銷境界，首先就必須要有一個特色明顯的 slogan，去喊醒市場如 m&m 巧克力的『只溶於口，不溶於手』；或像是超跑訴求 0 到 100 公里加速時間只需 2.2 秒；都是強而有力賣點。

口號如果出現可取代性，就無法讓消費者感受到你獨特在哪裡；民視電視台，長久以來以【台灣的眼睛】作為口號；一點也無其獨特性，因為中天的新聞報導，或東森的新聞節目也同樣可以稱自己為台灣之眼，因為他們同樣是一分一秒間追蹤著台灣土地上所有突發事件發生。

『超級夜總會，鄉親來做伙』的口號，不但有押韻，也有其節奏感，（唸起來順口又有濃濃的鄉土味，意境典雅獨特）。特別是『會』字與『伙』混搭（台語發音）更是堪稱一絕。

四、美食加文創

也因節目定位於忠實傳承鄉土人文，往往主持人就會從大舞台走下來跟當地黑珍珠蓮霧種植業者閒話家常，讓觀眾分享他們艱辛生產過程，

成功果實。還有像是三義的雕刻品或原住民錢包吊飾，甚至到柴燒窯變價格不斐品茗杯出現該節目，外加美食文創種種，同樣為為節目的草根性帶來加分效果。

五、由觀眾點歌

其實明眼人都知道，該節目說故事點心情歌曲單元是滿受歡迎的，唱片公司往往會利用這完美搭配方式，藉由台下來賓述說心情方式，順道將新發行音樂專輯由歌手在現場演唱，達到打歌效果。另外節目中偶而穿插甘草人物如楊繡慧；黑面與蔡頭或王彩樺爆笑演出也能搏觀眾一笑。

就基於以上幾個特殊賣點，他們才能將此大型戶外歌唱節目，一做就是 9 年不墜的主因。

● 冰冰秀節目 葫蘆裡賣的是甚麼藥

其實打從第一集冰冰 show 開播，我並沒看好此電視節目能長命百歲。因為節目命名泛泛，布景又是單一到底，沒有豪華舞群，助理主持人也沒任何特色；舞台空間比起以往類似節目，小很多。燈光效果也普普，樂隊氣勢顯得很單薄；受邀來賓很多都像過時掛曆，了無新意；如此一個缺點比優點多節目，開播後還真的讓筆者有些擔心呢。然一年多以來，冰冰 show 她如何跳脫歌唱節目框架，逐漸找到市場利基，搶灘成功，愈

221

演愈受歡迎呢？

　　論道主持人白冰冰（本名白月娥）其生命歷程如果拍成為電影或寫實小說，必定會感動很多人；她經歷婚姻挫敗，中年喪女，秀場滄桑；爾今孤零零一人獨處大別墅中，其舞台生活看似比甚多藝人風光；然舞台下真實生活心境；多少落寞埋藏心底，恐怕也只有她自己最了解了。

　　然而從另個角度來分析，以她近黃昏之齡，之所以還能有電視主持人一席之地，完全歸功於它本身就是話題人物與自己獨特才藝、充沛人脈關係等所煥發出來魅力有直接關連。話題不斷像是經歷 18 次人工受孕還是沒成功；獨生女遭綁架最後還是受難；離她而去。歌唱才藝方面，她早期善於日本演歌式運腔轉音技巧（真音假音來回自由穿梭，不會亂飄）更是別人難以模傲；此外，她敢跟男主持人互開黃腔特殊點，跟她擁有不錯政商人脈關係，遂沒有被潮流淘汰。

站穩市場靠甚麼？

　　先撇開製作節目公司的廣告業務承攬力好壞來說，正因主持人歷盡滄桑，生活歷練豐富，也放洋過日本；自然而然會將心路歷程表現在其訪問來賓技巧跟現場錄影掌控力，光就這幾點就贏過王彩樺（黃金年代主持搭檔）；苗可麗（超級夜總會主持搭檔）；縱觀節目走向，實在不脫離以下賣點：

一、人生與八卦

　　來賓或以張牙舞爪之勢對天發誓，或像一些大咖藝人鮮為人知連環劈腿內幕等等八卦話題…；往往這些題材都能吸引到婆婆媽媽關注。

二、老泥礦藝人

中國宜興制壺老師傅們，他們喜歡以陳年的泥礦（埋藏黃龍山礦山最底層稀有泥礦）來製作紫砂壺；因為老泥礦原料本身所燒出來紫砂壺最能發揮出泡茶效果。也因老礦泥愈來愈稀少，自然而然其成品身價也愈高。同樣地，此電視節目喜歡對曾經紅過一時演藝人員，像楊燕、陳今珮、黃西田、脫線、城市少女、張帝兄弟等...有些出道還更早藝人（也算是老泥礦藝人）通告，邀請古早藝人重現舞台，形成節目獨特賣點。

三、星海浮沉錄

還有像是王瑞霞歌手還曾因房租遲繳，被房東下逐客令；或像甚多曾紅極一時藝人卻因婚姻失敗或因健康因素淡出演藝圈，如果觀眾常看該節目，同樣對藝海人生浮浮沉沉因果關係，有了更多不同生活新啟示。

四、小資作戰法

此節目開播也有兩年了，還是那一幅深坑老街作現場背景實情，可比美當年由康康跟郁方聯合主持的『大家來說笑』小資製作法（連主持助理服裝都顯得簡樸無比）。或許就是這幾個不按牌理出牌演出元素交叉影響，遂讓冰冰 show 能一戰成名主因。

國家圖書館出版品預行編目（CIP）資料

15 招市場搶灘法 / 周紹賢著 . -- 一版 . --
新北市：優品文化事業有限公司，2020.11；
224 面；15x21 公分（Business；01）
ISBN 978-986-99637-5-6（平裝）

1. 市場經濟 2. 市場分析

550.18　　　　　　　　　　　109017283

Business 01

15招市場搶灘法

搶灘必勝，社群必紅

作　　者	周紹賢（品牌醫生）
總 編 輯	薛永年
美術總監	馬慧琪
文字編輯	董書宜
美術編輯	黃頌哲

出 版 者　優品文化事業有限公司
　　　　　地址：新北市新莊區化成路 293 巷 32 號
　　　　　電話：(02) 8521-2523 / 傳眞：(02) 8521-6206
　　　　　信箱：8521service@gmail.com
　　　　　（如有任何疑問請聯絡此信箱洽詢）

印　　刷　鴻嘉彩藝印刷股份有限公司

業務副總　林啓瑞 0988-558-575

總 經 銷　大和書報圖書股份有限公司
　　　　　地址：新北市新莊區五工五路 2 號
　　　　　電話：(02) 8990-2588 / 傳眞：(02) 2299-7900
　　　　　網路書店：www.books.com.tw 博客來網路書店

出版日期　2020 年 11 月
版　　次　一版一刷
定　　價　180 元

上優好書網　　Facebook 粉絲專頁